二战德军
虎式坦克全景战史
肆

郑 鑫 ◎ 编

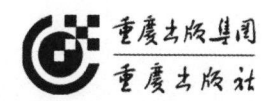

二十二世紀版

東京日本橋全景地図

玉

代島書店

目录
Contents

序　章 001

第1章　武装党卫军第3装甲团第9连行动日志 031

第2章　武装党卫军第101/501重装甲营行动日志 099

第3章　武装党卫军第102/502重装甲营行动日志 183

第4章　武装党卫军第103/503重装甲营行动日志 225

第5章　其他虎式坦克作战单位的行动日志 263

序　章

　　在翻开虎式坦克部队的战斗史册之前，有必要对德军重装甲营的沿革、编制以及各营的概况做一些简单介绍，作为读者深入阅读前的准备，同时也有助于更好地理解本书资料的价值。在重装甲营概述中，我们将主要介绍这一精英装甲单位的创建、组织体系、兵力编成以及车辆配置等情况。在各装甲营概况这部分，则以各营为单位，从装备、编制和涂装标志三个方面加以记述："装备"一节主要对各装甲营在不同时期接收的虎式坦克的型号及技术特征进行描述，由于生产时间的不同，重装甲营使用的虎式坦克在很多细节上都存在差异；在"编制"一节主要介绍各营在战争期间的兵力编制变化，随着时间的推移，由于战斗消耗和补充，装甲营的实力一直处于不断变化中，在编成初期各营的标准编制是下辖三个装甲连45辆重型坦克，但到战争后期，部分营已经缩减到两个连，坦克数量也下降至31辆，有时各营还会自行决定其编制结构；在"涂装和标志"一节，主要记录了各装甲营车辆的涂装配色方案、车辆编号和部队徽记的使用及变化，需要注意的是，重装甲营对于车辆迷彩伪装的涂绘并没有统一的标准，在1942年底之前对于车体编号及标志的位置、样式和颜色同样没有严格规定，即使后来出台了相关规则，实际上前线部队在很多时候仍然自行其是，直至战争末期各营都还保留着不少本营独特的标志和涂装。毋庸置疑，有关重装甲营装备、编制和涂装的细节信息将对我们研究、判断战时照片的内容提供可靠的依据。

党卫军第3装甲团重装甲连

　　在武装党卫军作战师序列中排行第三的"髑髅"师也在1942年的整编中获得了优先列装虎式坦克的特权，在党卫军第3装甲团编制内建立了一个重型坦克连，最初番号为第4连，后改为第9连。

装备：党卫军第3装甲团第9连接收的第一批9辆虎式坦克是第二批次的改良型，取消了炮塔右后部的轻武器射击孔，同时该连还装备了10辆Ⅲ号J型坦克，1943年5月交付该连的6辆虎式则是增加了装填手观察窗的改型，但没有更换新型引擎，同年9月补充的5辆虎式坦克配备了新型指挥塔。与"警卫旗队"师、"帝国"师不同的是，"髑髅"师在党卫军第103重装甲营建立后仍旧保留了师建制下的重装甲连。1944年春季，第9连在罗马尼亚北部损失了全部装备后，于同年5月又重新恢复满编，全部换装了采用钢缘负重轮的后期型虎式，而在7月间又得到至少5辆坦克的补充，其炮塔顶部增加了三个吊环。第9连在驻防华沙期间还获得了5辆经过后方维修厂翻修的虎式坦克，其中有个别安装胶缘负重轮的早期型号。

编制：党卫军第3装甲团第9连与两个兄弟部队的重装甲连一样，最初也是混编部队，同时装备了9辆虎式和10辆Ⅲ号坦克，编成四个坦克排，每个排装备2辆虎式和2辆Ⅲ号，每个排编成两个班，每个班编有虎式、Ⅲ号各一辆，连部直辖1辆虎式和1辆Ⅲ号。与"警卫旗队"师的第13连类似，"髑髅"师第9连的最初番号也是第4连，因此其三位数字车辆编号的首位数字起初也是4，其中虎式坦克的编号是401、411、413、421、423、431、433、441和443号，Ⅲ号坦克的编号为402、403、412、414、422、424、432、434、442和444号。1943年5月，第4连将所有剩余的Ⅲ号坦克撤编，并按照标准的虎式坦克连编制进行整编，即在连部下建立三个装备4辆虎式的坦克排，由于装备超编，连部直辖3辆虎式，而不是标准编制的2辆。同时，该连也纳入党卫军第3装甲团第2营建制，番号改为第9连，与之相对应，所有坦克三位编号的首位数字改为9，并按照标准编号体系进行编组，一直使用到该连在1945年5月解散。在1943年下半年，第9连拥有的虎式坦克数量一度达到23辆，于是又组建了第4排，辖有5辆坦克，编号为941至945号。在作战期间，第9连屡次因损失严重而获得紧急补充，由于战事紧张，新交付的坦克有时未及时喷涂编号。

涂装及标志：与"警卫旗队"师、"帝国"师的虎式坦克连一样，"髑髅"师重装甲连最初的坦克涂装均为装甲灰，在Ⅲ号坦克车体正面右上角喷涂了该师的白色"髑髅"师徽，但是在虎式坦克上没有师徽标志。在1943年2月的哈尔科夫战役期间，该连的坦克均涂以白色伪装色，车辆编号使用黑色涂料绘在炮塔侧面中央和储物箱背面，尺寸约为炮塔高度的一半，铁十字标志绘在车体侧面中央，所有坦克均未敷设防磁涂层。1943年春季，第4连的坦克去除了白色涂装，在灰色底色上施加了由橄榄黄色和褐色宽幅色带构成的迷彩图案，几乎完全覆盖了灰色底色，车辆编号依旧保持原有的位置和尺寸，颜色改为白色，并增加了黑色细边框。

在1943年7月"堡垒"行动前夕，更改番号和编制的"髑髅"师第9连的虎式坦克也更换了新涂装，全面采用由橄榄黄底色、棕色条纹、橄榄绿斑点构成的迷彩涂装，新交付的虎式坦克也按照上述样式涂绘。车辆编号尺寸缩小为炮塔高度的35%，位置在炮塔侧面中央略高处，采用黑色外框空心数字，在炮塔储物箱背面也同样绘有编号。国籍标志依然在车体侧面中央。在库尔斯克战役期间，第9连的虎式坦克均在车体正面右上角绘有变形师徽标志——三道垂直平行线，采用黑色绘制。在1943年至1944年冬季，第9连的坦克通体涂以白色，甚至将原有的车辆编号和各种标志也全部覆盖了，为了便于识别身份，该连成员使用了一个简易又有趣的方法，在炮塔侧面悬挂一个矩形木牌，将车辆编号用黑色染料涂写在木牌上。

1944年春夏时节，党卫军第3装甲团第9连全面换装了敷设有防磁涂层和使用钢缘负重轮的后期型虎式坦克，它们的涂装特征是采用橄榄黄底色，并施以由棕色和暗绿色条纹、色块构成的迷彩图案，车辆编号采用白色边框空心数字，尺寸约为炮塔高度的一半，涂绘在炮塔侧面前部约三分之一处及炮塔储物箱背面，车体侧面的国籍标志尺寸较小，涂绘位置靠后。

党卫军第101/501重装甲营

武装党卫军部队在战争中组建了三个重装甲营，排序第一的是党卫军第101重装甲营，该营是以"警卫旗队"师的重装甲连为基础于1943年夏秋组建的，先后配属于"警卫旗队"师、"希特勒青年团"师以及党卫军第1装甲军等部，转战东西两线，曾参与了诺曼底、阿登等著名战役。

装备：1943年8月，首批27辆虎式运抵意大利，交付党卫军第101重装甲营，但两个月后即开赴东线作战。1943年10月，另外10辆虎式坦克交付该营，用于组建第3连，全部是安装了新型指挥塔的中期改型。1944年1月，第101营又接收了第二批10辆虎式，其中1辆本是日本订购的，但由于海路封锁，无法运输交付转而配属给第101营，其余9辆则是使用旧式胶缘负重轮的型号，但其主炮行军固定锁安装在车体后部。在1944年初，第101营调往法国诺曼底，是当时该地区唯一装备胶缘负重轮型虎式的重装甲营。1944年4月，第101营接收了25辆后期型虎式坦克，其特征是安装了钢缘负重轮、新式装填手舱盖和单目式炮手瞄准具，炮塔顶盖厚度增加至40毫米，且所有坦克都敷设了防磁涂层。除了极少数例外，第101营的大部分虎式坦克都在炮塔侧面和车体正面加挂备用履带板。

在1944年7、8月间的激战中，第101营损失了全部坦克，该营第1连随后换装了14辆装有量产型炮塔的虎Ⅱ坦克，但是大部分也很快在战斗中损失了，仅一辆幸存。1944年9月，第101营更改番号为党卫军第501重装甲营，并在10月间接收了34辆虎Ⅱ坦克。在备战阿登攻势期间，为了保证党卫军第501营齐装满员，德军将原计划交付陆军第509营的11辆虎Ⅱ坦克调拨给该营。在1945年1月底，为了补充第501营在阿登战役中的损失，又有6辆虎Ⅱ交付该营。1945年3月，党卫军第501营得到了最后一批13辆虎Ⅱ坦克。

编制： 1943年8月，党卫军第101重装甲营的首批27辆虎式坦克运抵意大利，原本用于组建该营的第1、2连及营部，但尚未完成组建这些坦克就随"警卫旗队"师开赴东线执行应急作战，而在1943年10月至1944年1月交付的20辆虎式另行组建了第101营第3连，由于装备超编，第3连编成四个坦克排，每排4辆虎式，连部直辖2辆，最后2辆配属营部，所有坦克均采用标准的三位数字编号系统，其中第4排的坦克编号是341、342、343和344号，连部坦克编号为305、304号，营部坦克编号为007和008号。

1944年4月，党卫军第101重装甲营最终完成组建，达到45辆的满编状态，采用重装甲营的标准编制和编号系统，值得注意的是各连装备的虎式坦克型号略有差异，第2连的坦克全部是采用钢缘负重轮的后期型，第3连则是安装胶缘负重轮的中期型，第1连除第3排外都是后期型，而第3排继承了原属第3连第4排的4辆中期型虎式，营部的三辆直辖坦克也是后期型号。

在经历了诺曼底的首轮血战后，党卫军第101营第1连损失了大部分坦克，随后撤离前线返回德国重整，当时该连还剩余3辆虎式（含1辆指挥坦克），移交给第3连，使后者上报的作战实力为11辆虎式，而同时第2连的战斗力量为10辆虎式，所有这些坦克都在后续战斗中陆续损毁了。重整后的第1连换装了14辆崭新的虎Ⅱ坦克，但未能与营主力会合，也大部损失于诺曼底前线。

1944年9月，党卫军第101重装甲营更名为党卫军第501重装甲营，并全面换装虎Ⅱ坦克，在同年12月的阿登战役前夕达到45辆满编状态，采用标准编制，辖有三个装甲连，每连14辆坦克，营部直辖3辆，但是与标准编制有所不同的是，第501营营部连的战斗力量，包括侦察排、工兵排、防空排等合编为第4轻型连，这个独特编制一直保持到战争结束。

涂装及标志： 在1943年底至1944年初交付第101营第3连的20辆虎式均在橄榄黄底色上涂以橄榄绿和棕色弯曲线条组成的迷彩图案，炮塔上的车辆编号为线条粗大的白色数字，尺寸也很大，约为炮塔高度的60%，涂在炮塔侧面前部及储物箱背面。值得注意的是，第101营第3连的虎式在车体正面左上角绘有党卫军第1装甲军的徽标，这个标志与"警卫旗队"师徽相似，但盾形边框内是两把交叉的钥匙，而非师徽上的一把钥匙，用白色颜料绘制，涂绘徽标的位置没有敷设防磁涂层。

当1944年4月，第101营在法国接收了25辆新虎式后，原先第3连采用的大号白色编号数字过于显眼，不利于隐蔽，于是连同全营的坦克一道重新喷涂了编号，数字线条变细，尺寸略有缩小，但营部及各连的编号样式各不相同：营部坦克采用纯白色数字，第1连为橄榄绿色数字加白色边框，第2连为红色数字加白色边框，第3连则为蓝色数字加黄色边框，最后这个颜色组合是其他虎式坦克部队从未采用的，所有编号都涂绘在炮塔侧面前部及储物箱背面。除了编号颜色的差异外，各连在其他标志上也有不同，第101营第1连将坦克连的战术标志绘在车体正面右上角和车体后面右上角，这个标志是在一个平行四边形内绘上一个字母S，表示重型坦克，在四边形右侧还有数字1，表示第1连，这个战术标志绘以白色，而且标志周围的防磁涂层也被剥除。第101营各连的虎式坦克均在车体正面绘以党卫军第1装甲军的徽标，但形式略有不同，第1、3连将其绘在正面左上角，且徽标周围没有敷设防磁涂层，第2连则将徽标绘在正面右上角，而且直接画在防磁涂层上。通过标志的细节差异，可以很容易将各连的坦克区分开来。所有坦克的国籍标志均在车体侧面略微靠后的位置上，迷彩样式是橄榄黄底色加棕色宽色带及橄榄绿条纹。

第101营第1连在1944年7月底、8月初率先换装了14辆最初生产的虎Ⅱ坦克，安装了亨舍尔型炮塔，其涂装是橄榄黄底色加棕色条纹和不规则的橄榄绿色色块构成的迷彩图案。炮塔侧面中央的车辆编号为黄色数字，在编号上方绘有一个小型国籍标志，但炮塔后面没有喷涂编号。这批虎Ⅱ坦克均有防磁涂层，在炮塔侧面的前部及后部都加挂了履带板。1944年秋季第101营更改番号为党卫军第501营，并且接收了34辆新的虎Ⅱ坦克，均采用新型的伏击迷彩，而且没有敷设防磁涂层，各连坦克的编号样式仍旧有所差别，第1连为黑色数字加白色边框，第2连沿用了红色数字加白色边框，第3连也保持了蓝色数字加黄色边框的特色，而营部坦克采用较大的红色数字加白色边框。所有车辆编号都绘在炮塔侧面中央，高度约为炮塔高度的40%，无论炮塔还是车体都没有涂绘国籍标志，也没有其他徽标。在阿登战役前夕由第509重装甲营移交的11辆虎Ⅱ仍保留了原部队的涂装，只是匆忙涂以车辆编号，样式为较小的黄色数字，位于炮塔侧面中央偏上位置。

党卫军第102/502重装甲营

党卫军第102重装甲营脱胎于"帝国"师所属的重装甲连，其组建始于1943年10月，但与党卫军第101营的情况类似，受到东线战事的影响，第102营直到1944年初夏才逐渐成形，随后参加了诺曼底战役，蒙受了惨重损失，于1944年9月间改称党卫军第502重装甲营，并换装虎Ⅱ坦克，调往东线作战。

装备：尽管党卫军第102重装甲营的组建工作在1943年秋季就启动了，但最初调拨给该营的仅有3辆安装胶缘负重轮的虎式坦克，这些坦克被调往东线战场，偶尔参加战斗，而准备配属该营的大部分官兵和装备在1944年初调往西线之前，一直作为"帝国"师建制内的重装甲连在前线作战，直到1944年4、5月间在荷兰休整期间才获得了45辆虎式坦克，从而建立了完整的编制，宣告了党卫军第102重装甲营的正式成立。这批坦克都是安装了钢缘负重轮和单目式瞄准镜的后期型，但炮塔顶盖上没有加装吊环。与在诺曼底战场上作战的其他重装甲营不同的是，第102营的虎式坦克没有在车体正面加挂备用履带板。1944年9月，该营番号更改为党卫军第502重装甲营，随后换装虎Ⅱ坦克，但是直到1945年2、3月间才陆续获得了31辆虎Ⅱ，从未达到满编状态。

编制：在诺曼底战役前夕，党卫军第102重装甲营为满编状态，装备45辆虎式坦克，按照重装甲营的标准编制和编号系统进行编组，唯一有所变化的是各连连部坦克的编号方法，其三位编号的中间数字均为4，编号分别为141、142、241、242、341、342号，营部坦克编号则为001、002、003号。

第102营在1944年9月更名为党卫军第502重装甲营，至1945年初换装虎Ⅱ坦克，由于战争末期装备普遍匮乏，即便是极为受宠的党卫军部队也难以获得足额的装备，第502营仅得到了31辆虎Ⅱ坦克，并据此调整了编制结构，第1、3连各编有三个排，每排3辆坦克，而第2连仅编有两个排，每排4辆坦克，而营部及三个连部各辖有1辆坦克，各坦克排的虎Ⅱ按照标准三位数字编号进行编组，而连部直辖坦克没有编号，最为特殊的是营部指挥坦克的编号采用了与众不同的555号。

涂装及标志：党卫军第102重装甲营在诺曼底作战期间采用的迷彩涂装是在橄榄黄底色上涂以大块的棕色、橄榄绿色色块和线条，这些迷彩图案几乎完全覆盖了底色。炮塔侧面的车辆编号为白色边框空心数字，高度约为炮塔的一半，涂在炮塔侧面前部靠上位置，而涂在储物箱背面的编号则为黑底白边数字。第102

营的营徽是一个闪电状的古北欧文字加一道横杠，用粉色颜料涂绘在车体正面左上角和车体后面左上角，国籍标志涂在车体侧面靠后位置，所有坦克均敷设了防磁涂层。1945年初，党卫军第502重装甲营在奥得河前线作战时，该营的虎Ⅱ坦克均涂以伏击迷彩，但只有部分坦克在炮塔侧面涂以编号，多为纯黑色数字，个别为白色空心数字，一些坦克在炮塔侧面还绘有铁十字标志，另一些坦克则没有国籍标志。

党卫军第103/503重装甲营

党卫军第103重装甲营的组建工作相对于其他两个党卫军重装甲营更为拖沓曲折，尽管该营于1943年11月就开始筹建，并在1944年前八个月中陆续接收了三批虎式坦克，但这些装备很快就被移交给其他部队，实际上在1944年秋季以前，第103营空有番号，但并不存在于作战序列中，直到1945年1月才接收了39辆虎Ⅱ坦克，接近于满编状态，此时其番号也已更改为党卫军第503重装甲营，随后调往东线参战。

装备：党卫军第103重装甲营在1944年2月、5月和8月先后接收了三批虎式坦克，但均被调拨给其他作战单位，没能保留一辆虎式坦克。在1944年9月更改番号后，该营开始接收虎Ⅱ坦克，于10月间获得了首批4辆坦克，后续装备拖至同年12月至次年1月才运抵，最后达到了39辆虎Ⅱ的实力，从未达到满编状态。

编制：党卫军第503重装甲营在1945年1月底接收了最后一批13辆虎Ⅱ坦克后就被匆忙派往前线，没有时间调整编制，实际上该营从一开始就被分成数个连排级规模的小战斗群，分散作战，更多的时候是以单车或分队形式展开行动，仅有该营第2连第3排以4辆坦克的完整建制投入战斗。由于没有达到满编，第503营各级建制均不完整，营部及三个连部均只辖有1辆坦克，第1、2连各编有三个坦克排，每排4辆坦克，而第3连第3排缺编1辆坦克，仅有3辆坦克，在各连中仅有第1连的坦克按照标准编号系统进行了编组，其他坦克均没有车辆编号。

涂装及标志：党卫军第503重装甲营的虎Ⅱ坦克也采用伏击迷彩，大部分坦克仅在炮塔侧面中央涂绘了一个很小的国籍标志，没有车辆编号或其他标志，只有第1连的坦克在炮塔侧面绘以尺寸很大的车辆编号，采用黑色边框空心数字，但没有国籍标志。

虎式坦克 全景战史

※ 上图　与"警卫旗队"师、"帝国"师一样，党卫军"髑髅"师也在1942年底获得了一个虎式坦克连，番号为党卫军第3装甲团第4连，采用三位数字车辆编号。本图是1943年2月该连在东线某地集结时的照片，图中可见多辆虎式和Ⅲ号坦克，所有坦克都涂以白色冬季伪装色，车辆编号用黑色涂绘在炮塔侧面。

※ 上图　在1943年春季，"髑髅"师的虎式坦克连经过整编，番号更改为党卫军第3装甲团第9连，继续沿用三位数字编号。恰值"堡垒"行动在即，该连的虎式坦克也将"髑髅"师的变形师徽标志涂绘在车体正面。图中是第9连的一辆虎式坦克，注意主炮身管上密集的击杀环。

序章

※ 上图　在库尔斯克战役期间，党卫军第3装甲团第9连的虎式坦克也采用了变形师徽，以隐蔽部队身份。图中这辆虎式坦克的车体正面右侧可以看到这个师徽标志，为三条黑色竖杠。

※ 右图　与早期组建的虎式坦克单位一样，"髑髅"师的重坦克连起初也混编有虎式和Ⅲ号坦克，图为1943年春季，该连的一辆Ⅲ号坦克停在一座俄国农舍前，几名坦克兵在车上休息、聊天，可见Ⅲ号坦克已经去除了白色冬季涂装，并且喷涂了某种形式的伪装迷彩。

虎式坦克 全景战史

※ 上图 在1943年至1944年冬季，党卫军第3装甲团第9连的虎式坦克通体涂以白色，并且没有涂绘任何编号和标志，车组成员将一块写有车辆编号的木牌悬挂在炮塔侧面，作为识别手段，倒也简便明了。图中该连901号坦克的车组成员在座车前留影，注意炮塔侧面的编号木牌。

※ 左图 1943年秋季，党卫军第3装甲团第9连的一名坦克兵在933号虎式坦克旁边留影，这辆坦克车体周围堆放了多捆干草作为伪装。注意炮塔车辆编号，其线条不够规整，而且采用直线折角的数字3，可能是车组成员自行绘制的版本。

序 章

※ 上图　在党卫军第3装甲团第9连的战地维修厂中，维修人员在一座门式吊车下检修该连912号虎式坦克的炮塔，摄于1944年夏季。从图中可见炮塔后部储物箱上的车辆编号采用白色空心数字样式，线条平直圆滑，尺寸齐整，与前页粗糙的手绘编号形成鲜明对比。

虎式坦克 全景战史

※ 上图及下图　在1944年初，由于正在组建的党卫军第101重装甲营第1、2连的虎式坦克随"警卫旗队"师开赴东线作战，该营在后方独立组建了第3连。上图为该连342号坦克的车组成员与坦克的合影，可看见此时炮塔侧面的三位数字编号采用线条粗大的白色实心数字形式，而且尺寸很大，在炮塔侧面十分显眼；下图是同年4月该连304号坦克的侧面近照，此时车辆编号的样式改为蓝底黄边数字，而且直接涂绘在防磁涂层上。第101营其他连的车辆编号也存在色彩差异，采用不同颜色的编号区分所属单位是党卫军第101重装甲营在坦克涂装方面的一个特色。

序 章

※ 上图及下图　1944年春夏，党卫军第101重装甲营在西线完成组建，在盟军登陆诺曼底后，该营被调往法国，反击盟军登陆部队。上图为该营第1连的131号坦克在一处城镇中休息，炮塔侧面的车辆编号数字为绿底白边样式；下图是第101营一辆被击毁的虎式坦克，注意其车体正面左侧为该营的双钥匙盾面营徽，这个标志实际上也是党卫军第1装甲军的徽标，而在车体正面右侧是一个白色平行四边形的装甲部队战术标志，在其内部写有表示重坦克连的字母S，在标志右侧还有数字1表示第1连，这个标志也仅有第1连的虎式坦克采用。

※ 上图及下图　这两幅照片均摄于党卫军第101重装甲营第2连在法国诺曼底乡间公路上开进时，上图是从后方拍摄的221号坦克，下图是从正面拍摄的223号坦克，该连坦克的编号为红底白边数字。值得注意的是，营徽标志被分别描绘在坦克车体正面右上角和车体后面左上角。

※ 右图 党卫军第101重装甲营第3连的一辆虎式坦克的正面特写，注意车体正面左侧的防磁涂层上有一小块空白区域，用于涂绘营徽标志。

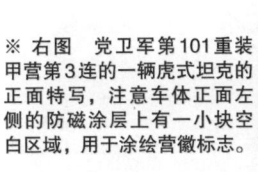

※ 下图 在诺曼底战役期间，党卫军第101重装甲营第1连率先换装虎Ⅱ坦克，并投入战斗。图为该连被丢弃在街头的一辆虎Ⅱ坦克，注意炮塔侧面中央的黄色数字编号被绘制在铁十字标志下方。

※ 上图　1945年初，被美军缴获的一辆虎Ⅱ坦克被停放在比利时某地的火车月台上，准备运回美国。这辆坦克为党卫军第501重装甲营3连的332号坦克，其炮塔侧面的车辆编号为蓝底黄边数字，还有一行美军的涂鸦之作，在车体前方有一群美军士兵在观察这辆钢铁怪兽。

※ 下图　在1944年底的阿登攻势中，党卫军第501营损失了部分虎Ⅱ坦克，本图就是其中一辆的照片。几名美军士兵在检查被遗弃在公路上的该营第2连的204号坦克，炮塔侧面的编号为红底白边数字，但没有涂绘铁十字标志。

※ 上图 在阿登战役前夕，党卫军第501重装甲营接收了陆军第509重装甲营移交的虎Ⅱ坦克，以补足编制，这些坦克没有按照该营的惯有规则涂绘编号，仅简单地在炮塔侧面涂以黄色数字编号，比如图中这辆222号坦克，编号位于炮塔侧面中央偏上位置。

※ 下图 党卫军第102重装甲营于1944年初在西线组建，图为该营的142号虎式坦克在荷兰某地训练场上的留影，注意炮塔侧面的三位车辆编号采用白色空心数字，并且直接绘制在防磁涂层上。

虎式坦克 全景战史

※ 左图　党卫军第102重装甲营第2连的一辆虎式坦克在补给燃料，值得注意的是炮塔储物箱上的车辆编号样式与炮塔侧面的编号不同，采用了黑底白边数字。

※ 左图　党卫军第503重装甲营的大部分坦克都没有涂绘车辆编号，仅有第1连曾使用三位数字编号。图中这辆第1连的虎Ⅱ坦克将编号涂绘在炮塔侧面，样式为蓝色空心数字。

序章

※ 党卫军第3装甲团第4连第1排414号Ⅲ号J型坦克，1943年2月哈尔科夫地区。这辆Ⅲ号坦克采用白色冬季涂装，右上角为"髑髅"师师徽图案。

※ 党卫军第3装甲团第4连第4排443号虎式坦克，1943年2月哈尔科夫地区。这辆虎式坦克采用白色冬季涂装，车体侧面的国籍标志为省略白框的简化样式。

虎式坦克 全景战史

※ 党卫军第3装甲团第4连第4排441号虎式坦克，1943年4月哈尔科夫地区。这辆虎式坦克在灰色底色上施以棕色和黄色迷彩条纹，车辆编号数字为白色。

※ 党卫军第3装甲团第9连第2排923号虎式坦克，1943年7月"堡垒"行动期间。这辆虎式坦克在橄榄黄底色上施以棕色迷彩条纹，车辆编号数字为黑色空心样式，在车体正面右上角绘有"髑髅"师的变形师徽标志。

序章

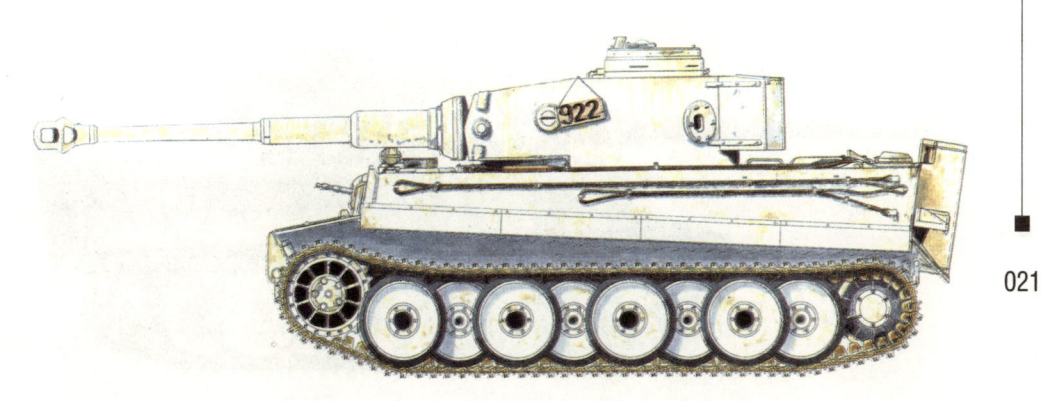

※ 党卫军第3装甲团第9连第2排922号虎式坦克，1944年1月南乌克兰彼得罗夫卡地区。这辆虎式坦克通体采用白色冬季涂装，没有任何编号和标志，在炮塔侧面挂有一块写有车辆编号的木牌。

※ 党卫军第3装甲团第9连第3排933号虎式坦克，1944年7月波兰华沙以东地区。这辆虎式坦克采用三色迷彩涂装，车辆编号为白色空心数字。

虎式坦克 全景战史

※ 党卫军第101重装甲营第3连第4排343号虎式坦克，1944年1月比利时蒙斯地区。这辆虎式坦克在橄榄黄底色上施以棕色、绿色迷彩条纹，车辆编号为线条粗壮的白色实心数字。

※ 党卫军第101重装甲营营部009号虎式坦克，1944年7月法国诺曼底地区。这辆虎式坦克在橄榄黄底色上施以棕色、绿色迷彩条纹，车辆编号为白色实心数字，但线条较为纤细，车体的防磁涂层有少量剥落。

序章

※ 党卫军第101重装甲营第1连连部105号虎式坦克，1944年7月法国诺曼底地区。这辆虎式坦克在橄榄黄底色上施以棕色、绿色迷彩条纹，车辆编号为白色空心数字，在车体正面有党卫军第1装甲军的徽标和重装甲连的战术符号标志。

※ 党卫军第101重装甲营第2连第2排221号虎式坦克，1944年7月法国诺曼底地区。这辆虎式坦克的车辆编号为红色白边数字。

虎式坦克 全景战史

※ 党卫军第101重装甲营第3连第1排313号虎式坦克，1944年7月法国诺曼底地区。这辆虎式坦克的车辆编号为蓝色黄边数字。

※ 党卫军第101重装甲营第1连虎式坦克车体正面营徽标志。

※ 党卫军第101重装甲营第2连虎式坦克车体正面营徽标志。

※ 党卫军第101重装甲营第3连虎式坦克车体正面营徽标志。

※ 党卫军第101重装甲营第1连虎式坦克车体正面标志布局，营徽位于左侧，右侧为战术符号标志。

※ 党卫军第101重装甲营第2连虎式坦克车体正面标志布局，营徽位于右侧且直接绘制在防磁涂层上，无战术标志。

※ 党卫军第101重装甲营第3连虎式坦克车体正面标志布局，营徽位于左侧且去除了周围的防磁涂层，无战术标志。

※ 党卫军第102重装甲营虎式坦克车体正面标志布局，营徽位于左侧且直接绘制在防磁涂层上，无战术标志。

序 章

※ 党卫军第101重装甲营第1连第3排131号虎Ⅱ坦克，1944年7月法国诺曼底地区。这辆虎Ⅱ坦克在橄榄黄底色上施以棕色、绿色迷彩条纹，车辆编号为黄色数字，绘制在炮塔侧面铁十字标志下方。

※ 党卫军第501重装甲营第2连第1排212号虎Ⅱ坦克，1944年12月阿登战役期间。这辆虎Ⅱ坦克采用"伏击"迷彩图案，车辆编号为红色白边数字，绘制在炮塔侧面，但没有涂绘铁十字国籍标志。

虎式坦克 全景战史

※ 党卫军第501重装甲营第1连连部104号虎Ⅱ坦克，1944年12月阿登战役期间。这辆虎Ⅱ坦克采用"伏击"迷彩图案，车辆编号为黑色白边数字，绘制在炮塔侧面，但没有涂绘铁十字国籍标志。

※ 党卫军第501重装甲营第2连第2排223号虎Ⅱ坦克，1944年12月阿登战役期间。这辆虎Ⅱ坦克采用"伏击"迷彩图案，车辆编号为黄色数字，绘制在炮塔侧面，但没有涂绘铁十字国籍标志，这辆坦克是战役前夕由陆军第509重装甲营移交的。

序 章

027

※ 党卫军第501重装甲营第3连第1排313号虎Ⅱ坦克，1944年12月阿登战役期间。这辆虎Ⅱ坦克采用"伏击"迷彩图案，车辆编号为蓝色黄边数字，绘制在炮塔侧面，但没有涂绘铁十字国籍标志。

※ 党卫军第102重装甲营第2连第4排242号虎式坦克，1944年7月法国诺曼底地区。这辆虎式坦克的车辆编号为白色空心数字，右上角为战役期间该营采用的营徽标志，通常绘制在车体正面和后面。

虎式坦克 全景战史

※ 党卫军第102重装甲营第2连第4排241号虎式坦克，1944年7月法国诺曼底地区，注意车体后面左上角的营徽标志。

※ 党卫军第502重装甲营营部555号虎Ⅱ坦克，1945年3月奥得河前线。这辆虎Ⅱ坦克是营长座车，采用"伏击"迷彩图案，车辆编号为白色空心数字，绘制在炮塔侧面铁十字国籍标志的上方。

序 章

※ 党卫军第502重装甲营第2连第2排223号虎Ⅱ坦克，1945年4月德国东部。这辆虎Ⅱ坦克采用"伏击"迷彩图案，车辆编号为白色空心数字，绘制在炮塔侧面中央。

※ 党卫军第103重装甲营的虎式坦克，1944年5月奥尔德布鲁克训练场。这辆虎式坦克主要用于训练，由于部队一直没有形成完整建制，所以没有任何标志和编号。

※ 党卫军第503重装甲营第1连第2排121号虎Ⅱ坦克，1945年4月柏林以东地区。这辆虎Ⅱ坦克采用"伏击"迷彩图案，车辆编号为蓝色空心数字，绘制在炮塔侧面。

※ 党卫军第503重装甲营的虎Ⅱ坦克，1945年4月但泽地区。这辆虎Ⅱ坦克采用"伏击"迷彩图案，没有车辆编号，仅在炮塔侧面绘以一个小型国籍标志。

第 1 章
武装党卫军第3装甲团第9连行动日志

根据1942年8月15日发布的命令，武装党卫军"髑髅"装甲掷弹兵师于同年11月15日在建制内组建了一个虎式重型坦克连，组建地在法林格博斯特尔，首任连长是党卫军上尉坎特（Kanth），该连番号为党卫军第3装甲团第4连，后改为第9连，装备9辆虎式坦克和10辆Ⅲ号坦克，还编有一个加强的维修分队，由党卫军少尉格雷辛格尔（Greisinger）指挥，辖有一个维修排和一个战地回收排。第4连的主要人员来自两个兄弟部队"警卫旗队"师和"帝国"师的重装甲连，还有部分人员来自"髑髅"师党卫军第3装甲团第1营及第2营的侦察排。

1943年1月：第4连接收了首批9辆虎式坦克。

1943年2月10日：第4连登上火车开赴东线。

1943年2月14日：第4连的虎式坦克在科韦尔（Kowel）更换履带。

1943年2月16日：第4连的第一列军列抵达波尔塔瓦，于夜间卸车，驻扎在当地的原苏军兵营内。

1943年2月17日：第4连的第二列军列到达，第三列则在2月18日抵达。

1943年2月19日：第4连当日可用兵力为9辆虎式坦克。

1943年2月20日：党卫军上尉莫斯莱克纳（Mooslechner）接任第4连连长，而坎特上尉调任党卫军第3装甲团副官。在当天夜间，第4连冒着暴雪从波尔塔瓦前往卡尔洛夫卡。

1943年2月21日：第4连在佩雷奇谢佩诺（Pereschtschepino）以北集结，党卫军中尉林纳（Rinner）的虎式坦克因压碎冰面坠入河中，直到2月27日才得以回收，之后送往第聂伯罗彼得罗夫斯克的维修厂修理，第4连保有虎式坦克数量降至8辆。"髑髅"师接到向萨马拉河（Samara River）一线进攻的命令，向巴甫洛格勒以北展开攻击。

1943年2月22日：德军的进攻一开始就受到克拉斯诺格勒附近结冰山坡的阻碍，在佩雷奇谢佩诺附近击退了苏军的反击。

1943年2月25日："髑髅"师从韦亚索夫克（Wjasowok）的集结区出发，经孔德拉特耶夫卡（Kondratjewka）进攻阿列克谢耶夫卡（Alexejewka）东北部。

1943年2月26日：德军沿奥廖尔卡（Orelka）至罗索瓦亚（Losowaja）的铁路线击退了苏军坦克的进攻，随后从斯特斯诺亚（Strastnoj）北部向西进攻扎列达罗夫卡（Zaredarowka），但在帕涅蒂纳（Panjutina）西南遭遇苏军强大的坦克部队，进攻陷入停滞。上级命令"髑髅"师的装甲部队向斯米莫夫卡（Smimowka）方向继续推进，由于无线电通讯不畅，这项命令未能传达到前线。"髑髅"师师长党卫军上将艾克（Eicke）乘坐飞机试图与前锋部队取得联系，结果遭到攻击，机毁人亡。

1943年2月27日：德军从萨哈耶夫斯克斯基（Sacharjewsksij）附近铁路线以北的集结地出发，继续进攻扎列达罗夫卡，占领了帕涅蒂纳，第4连当日所有虎式坦克都可投入战斗。

1943年2月28日：党卫军第3装甲团开往巴瓦谢夫卡（Barbaschewka）和米哈伊洛夫卡（Michailowka）附近的集结地。

1943年3月2日：第4连击退了苏军坦克对帕拉斯科维亚（Paraskoweja）的进攻，进而在下午继续推进至梅德韦多夫卡（Medwedowka）。

1943年3月3日：党卫军第3装甲团与党卫军"元首"装甲掷弹兵团一起经罗索瓦亚进攻别列斯托维察（Berestowaja），与"帝国"师的部队协同行动，在叶列梅耶夫卡（Jeremejewka）合围了一支规模较大的苏军部队。当日，第4连可以作战的虎式坦克数量是6辆。

1943年3月4日：第4连继续支援"帝国"师的部队夺取奥克特沙耶（Ocliotschaje），当日该连可用兵力为6辆虎式坦克。

1943年3月5日：被合围的苏军部队全军覆灭，第4连当日可用兵力为6辆虎式坦克。

1943年3月6日："髑髅"师从前线后撤，调往蒂施科夫卡（Tischinkowka）地区担任预备队。

1943年3月8日：第4连被调往旧艾梅里斯克（Stary Merischik），在格里热科夫沃（Grijekowo）附近穿过封冻的河流，党卫军少尉克勒（Köhler）的虎式坦克压碎了冰面，坠入河中，直到4月才被捞起，送往第聂伯罗彼得罗夫斯克接受大修，另一辆由党卫军少尉拉特扎克（Rathsack）指挥的虎式坦克陷在泥沼中，引擎受损。第4连保有虎式坦克数量降至7辆。

第1章　武装党卫军第3装甲团第9连行动日志

1943年3月9日："髑髅"师全师直接向北推进，对哈尔科夫展开反击作战，在奥尔奇尼（Oltschany）建立了一个桥头堡阵地。

1943年3月10日：第4连具备作战能力的虎式坦克数量为6辆。党卫军中尉里希特（Richter）指挥的虎式坦克群奉命支援党卫军第1装甲掷弹兵团第1营的进攻，他们从戈约瓦奇谢夫卡（Goiowatschtschewka）附近的乌迪桥头堡（Udy Bridgehead）发起进攻，途经卡罗贝基（Karobki），目标直指德尔加奇（Dergatschi）北部。在占领了这座城镇后，在其东面建立了掩护阵地，第4连的所有虎式坦克都失去了作战能力。

1943年3月11日："髑髅"师为进攻哈尔科夫的友军部队提供侧翼掩护。

1943年3月13日：德军在罗根附近穿过哈尔科夫至别尔哥罗德的公路，继续向博尔沙亚（Bolschaja）、丹尼洛夫卡（Danilowka）方向进发，涉水横渡哈尔科夫河，在泽克库尼（Zirkuny）附近挫败了苏军的侧翼包抄行动。当天，第4连可用兵力为3辆虎式坦克。

1943年3月14日：德军抵达亚鲁加（Jaruga）西郊，第4连可用兵力为3辆虎式坦克。

1943年3月15日：德军抵达楚贝古耶夫渡口（Tschugujew Pass），第4连当日有3辆虎式坦克可以作战。

1943年3月16日：德军向别尔哥罗德推进，第4连的可用兵力继续维持在3辆虎式坦克的规模。

1943年3月17日：第4连解除了与党卫军第1装甲掷弹兵团的配属关系，返回"髑髅"师建制，击退了苏军对楚贝古耶夫的进攻。在第6装甲师打开前进通道后，"髑髅"师从萨罗什诺耶（Saroshnoje）附近的前线撤离，准备向别尔哥罗德方向挺进。

1943年3月18日："髑髅"师向泰尔诺瓦亚（Ternowaya）进攻，第4连有3辆虎式坦克可以作战。

1943年3月19日：第4连接到进攻伊万诺夫卡的命令，连长座车在战斗中被击伤，连长莫斯莱克纳上尉受到致命伤。

1943年3月20日：德军摧毁了苏军在伊万诺夫卡建立的桥头堡，党卫军第3装甲团在米科亚诺夫卡（Mikojanowka）附近建立了桥头堡阵地，党卫军中尉施罗德（Schröder）接任第4连连长，全连当天仅有一辆虎式坦克具备作战能力，另有一辆虎式彻底损毁。全连保有虎式坦克数量降至6辆。

1943年3月21日至22日：没有发生战斗，第4连仅一辆虎式可以作战。

1943年3月23日：第4连已经没有虎式坦克具备作战能力。

1943年3月24日至25日：第4连的可用兵力为2辆虎式坦克。

1943年3月26日：第4连当日可用兵力仅为1辆虎式坦克，六个坦克车组被调往帕德博恩。

1943年4月1日：第4连当日可用兵力为2辆虎式坦克。

1943年4月10日：第4连当日可用兵力为1辆虎式坦克。

1943年4月20日：第4连当日可用兵力为4辆虎式坦克。

1943年4月22日：第4连接到3月5日签发的改编命令，准备进行重编。

1943年4月29日：第4连与其他部队轮换，前往哈尔科夫西北的古特耶夫斯基（Gutjewski）集结。

1943年4月30日：第4连当日可用兵力为4辆虎式坦克。

1943年5月12日至14日：第4连被调往哈尔科夫西南的于施尼（Jushny）休整，同时将所有Ⅲ号坦克移交装甲团其他单位，开始整编，番号更改为党卫军第3装甲团第9连。

1943年5月10日：第9连接收了由党卫军装甲军调拨的3辆虎式坦克，使全连保有虎式坦克数量增至9辆，其中6辆具备作战能力，同日开始使用9开头的新编号系统。

1943年5月20日：5辆标准型虎式和1辆指挥型虎式交付第9连，使全连保有坦克数量增至15辆，达到超编状态，其中11辆当日可以作战。同日，该连奉命转移至布迪，并在随后几天里对车组成员进行训练。

1943年5月30日：第9连具备作战能力的坦克数量是9辆。

1943年6月1日至2日：第9连进行火炮射击训练。

1943年6月3日：第9连接到战斗警报，下午15时警报解除。

1943年6月6日：第9连进行驾驶训练。

1943年6月10日：第9连当日可用兵力为10辆虎式坦克。

1943年6月20日：第9连当日可用兵力为10辆虎式坦克。

1943年6月22日：第9连对装备进行检查维修。

1943年6月28日：第9连由乌迪出发前往"堡垒"行动集结地域。

1943年6月30日：党卫军第3装甲团在斯特雷勒茨科耶（Strelezkoje）、卡萨兹杰（Kasazjqje）和别索诺夫卡（Bessonowka）一带集结，第9连当日可用兵力为10辆虎式坦克。

1943年7月1日：第9连当日可用兵力为11辆虎式坦克。

1943年7月2日：第9连当日可用兵力为11辆虎式坦克。

1943年7月3日：第9连进入拉科沃（Rakowo）附近的出发阵地。

1943年7月4日：第9连当日可用兵力为11辆虎式坦克。

1943年7月5日："堡垒"行动开始，施罗德中尉指挥的第9连击溃了苏军在别列

第 1 章　武装党卫军第 3 装甲团第 9 连行动日志

索夫附近的顽强抵抗，抵达216.5高地；随后转向东面，继续向贡戈基至别尔哥罗德的公路挺进，攻占了225.9高地；进而沿公路推进，于15时45分夺取了斯梅洛（Ssemelo）附近的农庄，在战斗中有5辆虎式触雷，失去行动能力。

1943年7月6日：进攻于凌晨3时45分开始，第9连从225.6高地附近出发，向东南进攻，封锁了高地以南的公路交会处。7时40分，全连抵达斯图皮诺（Schopino）以西一座桥梁附近。当日中午，该连接到新的任务，与师属装甲战斗群联合行动，对卢奇基方向展开威力侦察，目的是与友邻的"帝国"师取得联系。

1943年7月7日：第9连及"髑髅"师其他部队在公路以东进行了持续16个小时的进攻，912号虎式坦克被苏军远程火炮直接命中而损毁，乘员弃车，全连保有坦克数量降至14辆。

1943年7月8日：党卫军第3装甲团在贡戈基附近集结，于中午时分击退了苏军在维斯洛耶（Wissloje）和泰诺夫卡（Ternowka）之间发起的反击。在战斗中，连长施罗德中尉打开指挥塔舱盖，用冲锋枪驱散逼近的苏军步兵，结果被苏军反坦克枪击中身亡，由克勒少尉代理指挥。全连当日可以作战的虎式坦克是5辆。

1943年7月9日：第9连经韦塞尔利（Wesselyj）向西北方突击，占领了科谢托夫卡（Kotschetowka）以东2公里的一处山脊，击退了苏军第24近卫坦克旅对格雷诺耶（Gresnoje）的大规模坦克突袭，当日仅有1辆虎式坦克可以作战。

1943年7月10日：第9连越过格雷诺耶的山脊向克尔茹奇（Kljutschi）展开攻击，全连当日可以作战的虎式坦克数量是11辆。

1943年7月11日：第9连的11辆虎式对瓦西里耶夫卡（Wasiljewka）发起反击，然后向博戈罗茨基科耶（Bogorodizkoje）以西一座横跨普赛尔河的军用桥梁展开突击。

1943年7月12日：第9连向克卢奇（Klutschi）以西的兵营进攻，但很快改变任务，转而抵御苏军的反击，在跨过普赛尔河后经226.6高地继续向东北方前进，抵达波列沙耶夫（Poleshajew）西北2公里处。在傍晚继续前进，到达别列戈瓦亚（Beregowoje）至卡尔塔谢夫卡（Kartaschewka）之间的公路，这也是"堡垒"行动中南翼德军向北推进的最远地点。同日，连长克勒少尉阵亡，由党卫军少尉许斯勒（Schüssler）代理指挥。

1943年7月13日：第9连有4辆虎式送维修，沿卡尔塔谢夫卡至普罗霍罗夫卡公路展开迂回攻击的计划取消了，全连实施机动规避，抵达226.6高地后方待命。当天下午，越过高地发起反击，阻止了苏军的强力进攻，但仅有10辆虎式坦克都丧失了作战能力。

1943年7月14日：第9连能够作战的虎式坦克对苏军的进攻进行了最坚决的抵抗。

1943年7月16日："堡垒"行动终止，第9连向普赛尔河南岸撤退，并建立了一处阻击阵地，全连当日可用兵力为9辆虎式坦克。

1943年7月17日：德军发起进攻，但因遭遇苏军的猛烈炮击而未能取得进展，第9连当日有7辆虎式坦克可以作战。

1943年7月18日：第9连击退了苏军的数次进攻，当日可以作战的虎式坦克数量为7辆。

1943年7月19日：第9连撤往卢奇基西北地区，于傍晚时分开始转移。

1943年7月20日：第9连当日可用兵力为5辆虎式坦克，接到前往巴尔文特科瓦（Barwenkowa）的命令，计划在别尔哥罗德登车。

1943年7月21日：第9连沿着雅科夫列夫沃（Jakowlewo）至格卢希京斯基（Gluschinskij）的公路向别尔哥罗德前进。

1943年7月22日：第9连在哈尔科夫登车，前往米乌斯河前线。

1943年7月28日：第9连在卸车后以履带行军方式前往斯内斯诺耶（Snesnoje）地区。

1943年7月29日：第9连调往罗莫夫斯基（Rmowskij）一处露天矿场以西的集结地，接到次日进攻斯内斯诺耶与马里诺夫卡之间213.9高地和191.3高地的命令，并在那里建立掩护阵地，以便与南面进攻耶利萨夫京斯基（Jelisawtinskij）的友军部队取得联系。当天，第9连接收了党卫军第1装甲团第13连移交的8辆虎式坦克，全连保有坦克数量增加至22辆。

1943年7月30日：第9连当日可以作战的坦克数量为10辆，奉命进攻213.9高地，但是苏军在阵地上严密设防，部署了整整一个反坦克旅，在周围布设了雷区，战斗持续了一整天，德军最终也未能夺取这处目标，第9连有7辆虎式丧失战斗力。

1943年7月31日：德军攻占213.9高地的努力再度遭到失败，党卫军上士兰佩特（Lampert）的虎式失去行动能力，另有一辆虎式受伤无法回收，均在8月7日被德军自行炸毁，第9连保有坦克数量降至20辆，在当日战斗结束时，全连只有一辆虎式尚可作战。

1943年8月1日：德军连续三天向213.9高地实施猛攻，终于在下午将其夺下，进而向东攻击。经过紧急维修，第9连可用坦克数量恢复到10辆。

1943年8月2日：德军对穿过191.3高地退却的苏军展开追击，肃清了米乌斯河西岸的所有苏军部队，占领了苏军的主防线。当日第9连可以作战的坦克数量是3辆。

1943年8月3日：党卫军第3装甲团主力在斯捷潘诺夫卡（Stepanowka）和佩尔沃迈斯克（Perwomaisk）地区集结，作为预备队。

第1章　武装党卫军第3装甲团第9连行动日志

1943年8月4日："髑髅"师被第23装甲师换防，行军至奥尔德绍尼克德萨（Ordshonikidsa），在那里接到返回国内休整的命令。

1943年8月6日：回国的命令被取消，取而代之的是调往哈尔科夫地区待命，以填补肯普夫战役集群和第4装甲集团军之间的空隙。

1943年8月7日：第9连在马卡耶夫卡（Makajewka）集结。

1943年8月8日：乘火车从亚塞诺－瓦达亚（Jassno-Wadaya）出发，经斯大林诺、巴尔文科（Barwenko）、克拉斯诺格勒前往哈尔科夫。

1943年8月9日：由于铁路遭到游击队破坏，导致军列的六节车厢脱轨，车上的2辆虎式坦克损坏。第9连在哈尔科夫卸车，在夜间沿公路前往瓦尔基。

1943年8月10日：最后一列军列抵达，第9连当日可用兵力为2辆虎式坦克。

1943年8月11日：当天下午，党卫军少尉奥瓦德（Ouade）指挥6辆虎式向科洛马克（Kolomak）进攻，在远距离上用主炮轰击苏军步兵，使其溃散，随后在夜间夺取了楚图托沃（Tschutowo）。

1943年8月12日：第9连在科斯里斯基（Kosliki）附近发起反击，在进攻西侧高地时遭遇苏军反坦克炮防御带，党卫军下士芬恩（Finn）的913号虎式坦克被一门美制90毫米反坦克炮击毁，另外4辆虎式也多次中弹，严重受损，7名车组成员阵亡。在召唤火箭炮对高地猛烈轰击后，奥瓦德少尉指挥最后一辆能够作战的虎式坦克支援友军攻克了高地。第9连保有虎式坦克数量降至19辆。

1943年8月13日：第9连与"大德意志"装甲团第13连一起进攻卡恰洛夫卡（Katschalowka），在向阿列克谢夫瓦（Alexejewa）推进时与苏军坦克部队狭路相逢，在激战中击毁了约30辆坦克。

1943年8月14日：进攻阿列克谢夫瓦的计划未能实施。

1943年8月15日：上午早些时候，第9连出动3辆虎式继续进攻，在下午抵达阿列克谢夫瓦东面的公路，从而封闭了一支苏军大部队的退路。

1943年8月16日：肃清了梅尔奇科（Mertschik）和梅尔拉（Merla）地区，随后在阿列克谢夫卡（Alexejewka）周边集结。

1943年8月17日：第9连在苏贝博夫卡（Subebowka）以西渡过梅尔拉河（Merla River），继续推进，于傍晚占领了卡赖斯卡索夫卡（Karaiskasowka），在当日战斗中该连击毁了40辆坦克，仅有6辆虎式还具备作战能力。

1943年8月19日：第9连从康斯坦丁诺夫卡（Konstantinowka）转移，经过一座桥梁抵达梅尔拉河北岸，距离西南方的索洛尼泽维卡（Solonizewka）大约20公里，随后行军至科隆塔耶夫（Kolontajew）。

1943年8月20日：第9连奉命支援对科隆塔耶夫的进攻，在夺取城镇后继续向北做深远突击，与"大德意志"师的部队建立了联系，后者从帕尔乔莫夫卡（Parchomowka）方向推进，与党卫军部队共同形成了包围圈，合围了一支规模可观的苏军部队。第9连当日可以作战的虎式坦克数量是5辆。

1943年8月21日：在上午早些时候，第9连挫败了苏军的突围企图。

1943年8月22日：第9连当日可用兵力为5辆虎式坦克，与党卫军第3装甲团第2营一起从柳博维卡（Ljubowka）以北、科捷列夫卡（Kotelewka）以东向北进攻，目标是斯捷潘诺夫卡以南的高地，于傍晚时分在一处集体农庄的东南角停止前进。

1943年8月25日：第9连接到通知，做好撤往梅尔拉河南岸的准备。

1943年8月26日："大德意志"师开始撤退，但苏军的强大压力使得任何战场机动都变得十分困难，在重炮弹幕掩护下，苏军步兵发起浪潮般的攻击，第9连能够作战的虎式坦克全部派上一线支援德军步兵的防御，并在随后几天内奔忙在德军防线各处。

1943年8月31日：第9连出动2辆虎式进攻科隆塔耶夫以南的高地，党卫军下士普里瓦茨基（Privatzki）的虎式被重炮击中，驾驶员阵亡。

1943年9月1日：第9连的虎式坦克遭到隐蔽良好的苏军反坦克炮的突然袭击，奥瓦德少尉座车的指挥塔被削掉，少尉当场毙命，全连在战斗结束时仅剩1辆虎式尚能作战，而且该连的所有军官均已伤亡，由连参谋军士代理指挥。

1943年9月3日：第9连部署在科隆塔耶夫，党卫军上士米勒（Müller）的虎式被击毁，他本人在弃车后被苏军用铁锹杀死。第9连保有坦克数量降至18辆。

1943年9月10日：第9连当日可用兵力为4辆虎式坦克。

1943年9月20日：第9连当日可用兵力为5辆虎式坦克。

1943年9月21日："髑髅"师终于接到了撤退命令。

1943年9月22日：第9连不断进行迟滞行动，掩护全师向西撤往波尔塔瓦。

1943年9月25日：苏军沿着通往佩列佩利察（Perepeliza）的公路发起攻击，但在102.3高地被德军所阻。

1943年9月27日："髑髅"师准备现在克列缅丘格渡过第聂伯河的计划推迟了。

1943年9月28日：第9连派出一支接收分队，前往第聂伯罗彼得罗夫斯克接收5辆新的虎式坦克。

1943年10月1日：第9连当天能够作战的虎式坦克是5辆，抓紧战斗间歇进行修理维护，战地维修厂设在亚历山德里亚（Alexandria）西北方的克里索夫卡（Korissowka）。

第 1 章　武装党卫军第 3 装甲团第 9 连行动日志

1943 年 10 月 3 日：5 辆新虎式运抵第聂伯罗彼得罗夫斯克，全连保有虎式坦克数量增至 23 辆。

1943 年 10 月 5 日：第 9 连当日可以作战的坦克数量是 5 辆，在随后的日子里，该连将被拆散，零星地部署在主防线的侧翼阵地上。

1943 年 10 月 7 日：第 9 连在乌斯本斯科耶（Usbenskoje）集中。

1943 年 10 月 8 日：第 9 连奉命支援一次沿着第聂伯河支流发起的反击，夺取了河道弯曲部的小半岛，1 辆虎式坦克发生了主炮炸膛事故。

1943 年 10 月 9 日：第 9 连肃清了在奇卡洛夫卡（Tschikalowka）以西突破德军防线的苏军。

1943 年 10 月 10 日：第 9 连可用兵力为 2 辆虎式坦克。

1943 年 10 月 17 日："髑髅"师作为第 11 军的预备队部署在帕夫雷奇（Pawlysch）和奥努夫里伊夫卡（Onufrijewka）地区。

1943 年 10 月 20 日：第 9 连可以作战的虎式坦克数量是 4 辆，在伊万诺夫卡（Iwanowka）、西博科耶（Sybkoje）和洛索夫特卡（Losowatka）附近集结，为进攻波佩恩萨托耶（Popelnsatoje）进行了周密的准备。

1943 年 10 月 21 日：攻击行动被推迟至次日，全连可用兵力为 6 辆虎式坦克，由于党卫军第 3 装甲团缺乏装备，于是将全师的坦克集中组建了一个装甲战斗群。

1943 年 10 月 22 日：德军进攻部队在夜间集结于斯韦戈罗卡（Swerigorodka），上午 10 时 50 分，6 辆虎式在亚历山德罗夫卡（Alexandrowka）附近渡过因古洛茨河（Ingulez River），推进至伊万诺夫卡以南地区。在夜间，德军经切特谢里夫卡（Tschetscheliwka）撤过因古洛茨河。

1943 年 10 月 24 日：德军肃清了前日在杰夫谢耶（Dewtschje）突破防线的苏军部队。

1943 年 10 月 26 日：第 9 连为部分虎式坦克更换了引擎。

1943 年 10 月 27 日："髑髅"师从前线撤离，在普罗托波波夫卡（Protopopowka）、亚历山德里亚地区集结，第 9 连可以作战的虎式坦克数量是 5 辆。

1943 年 10 月 28 日：凌晨 3 时，第 9 连经亚历山德里亚向东开进，在上午 8 时与苏军交火，在空军俯冲轰炸机的空中火力准备后于 9 时发起反击，占领了戈洛夫科夫卡（Golowkowka）南面和西南面的阵地，随后接到次日继续向南进攻的命令。

1943 年 10 月 29 日：德军于凌晨 1 时 30 分发起进攻，经奥林皮阿多夫卡（Olimpiadowka）向马利诺夫卡（Malinowka）推进，击毁了 14 辆苏军坦克，进而向沃尔齐纳卡（Woltschanka）挺进，在那里击溃了来自斯帕索夫沃（Spasowo）的苏军部队。

1943 年 10 月 30 日：德军经沃尔齐纳卡、181.7 高地、马拉亚（Malaja）和沃德亚纳（Wodjana）推进至新彼得罗夫卡（Nowo Petrowka），第9连当日有4辆虎式坦克可以作战。

1943年10月31日：德军从沃德亚纳出发，向167.5高地东南方推进，经过韦齐京诺（Werschino）、弗洛希耶夫卡（Wlassjewka），之后转向东面，翻过山脊线，从155.5高地转移至146高地，最后抵达格拉夫特（Graphit）。

1943年11月1日：第9连可用兵力为4辆虎式坦克，党卫军中尉贝特克（Baetke）出任该连连长。

1943年11月2日：德军从格拉夫特出发向马里亚莫波尔（Marijampol）发起进攻。

1943年11月3日：德军从马里亚莫波尔、彼得罗波尔（Petropol）继续向东北方推进，夺取了138.8高地。

1943年11月4日："髑髅"师在克拉斯诺和康斯坦丁诺夫卡地区组建了一个战斗群，以应对在安东诺夫卡（Annowka）和伊斯克夫卡（Iskrowka）集结的苏军大部队。

1943年11月5日：第9连对科帕尼（Kopany）以东的苏军发起反击，在日落时全连仅有5辆虎式尚能作战。

1943年11月6日：第9连在上午早些时候部署在防御阵地中。

1943年11月7日：第9连被第76步兵师的部队替换，向洛索夫特卡转移，在大约16时集结于拜拉克（Bairak）。

1943年11月8日：第9连继续转移。

1943年11月10日：全连可用兵力为4辆虎式坦克。

1943年11月11日：第9连终于获得了久违的休息，举办了一些娱乐活动和酒会，放映了电影，使官兵们能够放松身心，恢复体力。

1943年11月13日：第9连再次在拜拉克集结。

1943年11月14日：苏军越过卢甘卡（Luganka）至沃德亚纳（Wodjana）之间的公路向西进攻，上午10时包括5辆虎式在内的德军装甲战斗群从巴齐提纳—拜拉克地区（Bäschtina-Bairak）发起反击，击毁19辆坦克。在摧毁了苏军第32近卫坦克旅的攻势后，德军战斗群向克拉斯诺和康斯坦丁诺夫卡撤退，战斗群指挥官党卫军上尉比尔迈尔（Biermeier）因为在这次行动中的出色表现而被授予骑士十字勋章。

1943年11月15日：当天下午，德军向拜拉克以南发起反击，击毁10辆坦克。

1943年11月16日：德军对克拉斯诺-康斯坦丁诺夫卡以东的苏军坦克部队发起反击，战至傍晚第9连仅剩一辆虎式坦克具备作战能力。

1943年11月17日：第9连位于拜拉克的营地遭到苏军远程重炮和迫击炮的袭击。

1943年11月18日：第9连的2辆虎式坦克被装上火车运往后方工厂修理。

第 1 章　武装党卫军第 3 装甲团第 9 连行动日志

1943年11月17日至19日：第9连没有虎式坦克可以投入战斗。

1943年11月20日：第9连可用兵力仅为一辆虎式坦克，在克拉斯诺－康斯坦丁诺夫卡附近击退了苏军的数次进攻。

1943年11月21日：第9连的1辆虎式坦克和3辆Ⅳ号坦克一道支援党卫军"艾克"装甲掷弹兵团第10连作战，他们在164.9高地附近防御苏军坦克部队向拜拉克发起的进攻。

1943年11月22日：在18日装上火车后送的2辆虎式坦克在途中遭遇苏军，以直射炮火将迫近的苏军坦克逐退，随后它们被运往兹纳缅卡。

1943年11月24日："髑髅"师全师接到命令，命令所辖的装甲部队保持戒备，作为机动预备队随时待命，当时该师仅有1辆虎式和3辆突击炮可以使用。

1943年11月25日：营级规模的苏军步兵在8辆坦克支援下进攻168.4高地，"髑髅"师的机动预备队在巴奇蒂纳（Baschtina）集中后发起反击，击毁6辆坦克。

1943年11月26日：德军发起反击夺回了在夜间失守的克拉斯诺－康斯坦丁诺夫卡。

1943年11月27日：第9连奉命支援第203掷弹兵团第11连对奥尔格－巴奇蒂纳（Owrag Baschtanka）发起反击，夜间全连在第203掷弹兵团后方的格鲁斯卡集体农场（Gruska collective farm）附近集结。

1943年11月29日：第9连在新甘诺夫卡（Nowo Gannowka）担任预备队。

1943年11月30日：第9连仅有1辆虎式坦克可以作战，从新甘诺夫卡出发支援第203掷弹兵团一部对151.7高地发起反击，消灭了5门反坦克炮。

1943年12月1日：第9连当日可用兵力为1辆虎式坦克，在新彼得罗夫卡（Nowo Petrowka）附近集结。

1943年12月3日："髑髅"师装甲战斗群（包括1辆虎式、3辆Ⅳ号和1辆Ⅲ号坦克）被部署在诺沃伊吉（Nowoyj），从那里对格里戈耶夫卡（Grigorjewka）以南团级规模的苏军部队展开快速反击，在夺回179.7高地的进攻计划取消后，战斗群在170.2高地附近建立了环形防御阵地。

1943年12月7日：当天中午，德军从杜奇尼亚（Dutschnyj）以东发起反击，推进到彼得罗古拉斯耶夫卡（Petro-Nikolajewka）西北约1.5公里的高地，向苏军进攻部队的侧翼实施攻击，因为步兵未能及时跟进，德军坦克转向西南冲击，与第534掷弹兵团一部共同肃清了察拉巴诺夫卡（Tschabanowka）附近地区的苏军。

1943年12月8日：苏军第7近卫机械化军从沙罗夫卡以南的铁路线以及诺瓦亚－普拉加（Nowaja-Praga）西南地区发起攻势，给德军造成极大压力，"髑髅"师奉命实施牵制行动，在列宁集体农场（Lenin collective farm）以西地区展开迟滞作战。

1943年12月9日：第9连在沃罗奇洛夫卡（Woroschilowka）阻滞苏军。

1943年12月10日：第9连当日可用兵力为2辆虎式坦克，全连在多林斯卡亚（Dolinskaja）地区支援步兵部队作战。

1943年12月12日：第9连的阵地遭到苏军飞机的持续空袭，7辆虎式被后送接受长时间修理和维护，全连保有坦克数量降至16辆。

1943年12月20日：第9连当日可用兵力为2辆虎式坦克。

1943年12月21日：第9连当日可用兵力为2辆虎式坦克。

1943年12月23日：第9连当日可用兵力为1辆虎式坦克。

1943年12月24日：第9连在古罗夫卡（Gurowka）休整，并在多林斯卡亚火车站举行了圣诞聚会。

1943年12月31日：第9连当日可用兵力为1辆虎式坦克，连队举行了新年化装舞会。

1944年1月1日：第9连当日可用兵力为2辆虎式坦克。

1944年1月6日："髑髅"师装甲战斗群（5辆Ⅲ号、10辆Ⅳ号和3辆虎式）接到上级命令，前往因古洛—卡梅内卡（Ingulo-Kamenka），归属第52军指挥，配属于第13装甲师的冯·古索夫乌斯战斗群（Kampfgruppe von Gusovius）。

1944年1月7日：德军从尼古拉斯耶夫卡北部地区沿着道路向北进攻，从西侧越过里巴齐纳（Ribtschina），突破了苏军两道反坦克防线，但在第三道防线前陷入停顿，就地转入防御，3辆虎式坦克均被击毁，第9连保有坦克数量降至13辆。

1944年1月10日：第9连没有坦克可以作战。

1944年1月11日：第9连被调往博布里涅茨（Bobrinez）附近的集结地，于晚间19时抵达，随后解除与第52军的隶属关系。

1944年1月13日：第9连抵达罗夫诺亚（Rownoje）。

1944年1月15日：第9连向博尔沙亚—维卡（Bolschaja-Wyka）的新集结地转移。

1944年1月16日：第9连于清晨6时抵达目的地，出动6辆虎式向彼得罗夫卡附近的215.6高地发起攻击，在奥斯卡尼科夫卡（Owskanikowka）以北的森林边缘爆发激战，德军的攻势在一处反坦克炮阵地前陷入停顿，4辆虎式坦克被美制反坦克炮击毁，全连保有坦克数量降至9辆。随后，第9连作为第47装甲军的快速反应部队在彼得罗夫卡集体农庄附近集结。

1944年1月17日：第9连当日没有行动，在傍晚时分遭到零星炮击。

1944年1月18日：德军再度从彼得罗夫卡展开攻击，目标是夺回弗拉迪米尔罗

第 1 章　武装党卫军第 3 装甲团第 9 连行动日志

夫卡（Wladimirowka）西北方的森林地带，但行动遭到失败。

1944年1月19日：第9连调往新乌克兰卡（Nowo Ukrainka）。

1944年1月22日：第9连的坦克在博林斯卡亚（Bolinskaya）停留。

1944年1月25日：春季临近，冰雪消融，导致地面松软泥泞，使得部队机动较为困难。

1944年1月29日：德军出动6辆Ⅲ号、4辆Ⅳ号和3辆虎式对彼得罗夫卡以南的苏军突击部队实施反击，进而向韦塞尔罗夫卡（Wesselowka）东南的205.6高地推进。

1944年1月31日：第9连的4辆虎式从彼得罗夫卡出发展开攻击，与一个连的T-34遭遇，击毁9辆坦克；1辆虎式的无线电员舱盖被击中，无线电员受重伤，第9连随后在村镇外围建立了掩护阵地。

1944年2月1日：第9连于清晨开始撤退，当日可用兵力为4辆。

1944年2月6日：当月1日至6日第9连没有参与任何战斗行动，但始终保持戒备状态，以应对敌军的威胁，而在党卫军第3装甲团第2连阵地上出现的危机后来也被消除。

1944年2月12日：没有发生战斗，一场大雪使得交战双方都无法展开作战。

1944年2月19日至20日：第9连的虎式坦克奉命支援友邻部队作战。

1944年2月25日：第9连被部署在沃尔恰亚维卡（Wolschaja Wyka）。

1944年2月28日：第9连当日可用兵力为4辆虎式坦克。

1944年3月1日：第9连当日可用兵力为4辆虎式坦克。

1944年3月3日：苏军发动大规模攻势，第9连能够作战的虎式坦克被调往伊万诺夫卡（Iwanowka）组建一个战斗群，4辆虎式经新亚历山德罗夫卡（Nowo Alexandrowka）向沃尔恰亚维卡方向实施快速反击，连长座车的主炮被击中，炮管损毁，贝克特中尉于是更换了坦克。尽管接到的命令是防守阵地，他还是指挥部队向新乌克兰卡发起反击，试图解救被围困的友军，结果坦克指挥塔中弹，贝克特当场阵亡。

1944年3月5日：第9连被"髑髅"师其他部队替换，转而调往普列捷涅（Pleten）、塔施尔克（Taschlyk）和斯雷尼卡（Slynka）。

1944年3月6日："髑髅"师装甲战斗群（包括3辆Ⅲ号坦克、8辆Ⅳ号坦克和4辆虎式）协同步兵坚守防线至最后一刻。

1944年3月9日："髑髅"师装甲战斗群（包括4辆Ⅲ号坦克、8辆Ⅳ号坦克和4辆虎式）被零星分散部署在整个师的防线上。

1944年3月10日：第9连部署在古尔耶夫瓦集体农庄（Gurjewa collective farm）以及阿列克谢夫卡（Alexejewka）附近，随后转移至伊万诺夫卡"大德意志"师的防区内，与党卫军"图勒"装甲掷弹兵团第1营以及党卫军第3装甲团第2营一起组建了拉夫克曼战斗群（Kampfgruppe Laavkmann）。

1944年3月11日：第9连的4辆虎式对突破克维特卡（Kwitka）地区的苏军实施反击，随后在拉斯科普帕纳（Raskopana）和格拉布（Grab）附近地区建立了阻击阵地。

1944年3月12日：第9连在卡皮斯提诺（Kapistino）和新乌克兰卡登上火车，渡过布格河，经佩尔沃迈斯克（Perwomaisk）抵达克里沃耶奥塞罗（Kriwoje Osero）。

1944年3月14日：当日14时，第9连的军列途经波莫施那亚（Pomoschnaja）时遭苏军飞机扫射，数人受伤。

1944年3月15日至16日：军列改道，在巴尔塔（Balta）卸车。

1944年3月17日：第9连的4辆虎式部署到新防区。

1944年3月21日：第9连在后方休整时遭遇数次空袭。

1944年3月24日：苏军渡过布斯河（Bus River），迫使虎式撤回巴尔塔，党卫军上尉皮切尔里斯（Pittschellis）奉命组建一个战斗群，配备2辆虎式坦克，作为掩护部队。

1944年3月25日：在巴尔塔以东外围阵地爆发战斗，皮切尔里斯战斗群将苏军逐回本德萨里（Bendsari）。

1944年3月27日：第9连的3辆虎式从巴尔塔以南及巴尔塔火车站向西北方发起反击。

1944年3月29日：第9连在巴尔塔附近继续发起反击。

1944年3月30日：第9连撤到科托夫斯克（Kotowsk）。

1944年3月31日：第9连向后方纵深地带撤退，部署在通往叶利萨韦托夫卡（Jelissawetowka）公路两侧的阻击阵地上。

1944年4月3日："髑髅"师的最后一批部队在杜巴萨里（Dubossary）附近渡过德涅斯特河（Dnjestr River），进入罗马尼亚境内。

1944年4月8日："髑髅"师在罗曼地区（Roman）集结，配属于第57装甲军。

1944年4月14日：第9连乘坐火车前往蒂拉斯波尔（Tiraspol）进行战地重整，但是由于罗马尼亚的铁路多为单线轨道，导致铁路运输拥堵瘫痪，迫于苏军的威胁，第9连只能炸毁了全部坦克，全连于次日在巴考（Bacau）集结。

1944年4月30日：第9连派出一支装备分队前往后方接收新坦克。

1944年5月1日：第9连的60名官兵乘坐Ju 90运输机前往贝尔格莱德（Belgrade），然后换乘火车前往马格德堡。

1944年5月2日：3辆新的虎式坦克交付第9连，党卫军第3装甲团第2营派出这3辆虎式增援特尔古弗鲁莫斯（Targul Frumos）西北方的师属战斗群，目的是阻挡从鲁

第1章 武装党卫军第3装甲团第9连行动日志

吉阿萨（Ruginoasa）向南突击的苏军。下午晚些时候，德军从彼得里斯卡（Pietriscu）以南向海莱斯蒂耶尼（Helestieni）北面的高地发起反击，激烈的防御战持续到深夜。同日，党卫军中尉奈德哈特（Neidthart）接任第9连连长。

1944年5月3日：德军在鲁吉阿萨以南抵挡苏军坦克的进攻。

1944年5月8日：从马格德堡启运的新坦克经匈牙利东南的特兰西瓦尼亚（Transylvania）穿过喀尔巴阡山脉，因铁路被盟国轰炸机炸毁导致行程延误，列车直到月底才继续前进。

1944年5月20日："大德意志"师将2辆新运抵的虎式坦克移交党卫军第3装甲团，此外还移交了2辆本师原有的虎式，总共4辆虎式，使得第9连的虎式坦克数量增加到7辆。

1944年5月31日："髑髅"师装甲战斗群（24辆Ⅳ号和2辆虎式）在特尔古弗鲁莫斯东北部集结，作为预备队，同时有消息说至少6辆虎式将运抵部队。

1944年6月1日：第9连的可用兵力为2辆虎式坦克。

1944年6月7日：根据第57装甲军的命令，党卫军第3装甲团的12辆Ⅳ号坦克和8辆虎式与党卫军第5装甲掷弹兵团第3营在通往雅西（Jassy）的公路附近集结，其任务是与冯·克诺贝尔斯多夫战斗群（Kampfgruppe von Knobelsdorff）在萨克拉-波杜尔伊洛埃地区（Sacra-Podul Iloaei）建立联系。同日2辆新虎式交付第9连，使该连保有坦克数量增加到9辆。

1944年6月8日："髑髅"师的坦克及掷弹兵抵达预定地点后，被部署在霍尔列斯蒂（Horlesti）以南的174高地上，随后第9连被配属于第24装甲师，部署在达米安（Damian）西北的177高地上。

1944年6月9日："髑髅"师从桥头堡阵地撤退，但装甲部队仍留在原地，由党卫军第103重装甲营调拨的6辆新虎式运抵，全连保有坦克数量达到15辆，之后在巴考待命至6月下旬。

1944年7月1日：第9连当日可用兵力为9辆虎式坦克。

1944年7月7日：苏军于6月下旬发起大规模攻势，中央集团军群陷于崩溃境地，鉴于危机，"髑髅"师奉命调往布列斯特（Brest）地区，在罗曼登上火车，经拉多姆（Radom）、华沙（Warsaw）前往新战区。

1944年7月16日：第9连携10辆虎式抵达格罗德诺地区（Grodno），于奥索采（Osowice）卸车后在米勒茨科夫齐（Mieleszkowce）集结。

1944年7月17日：第9连奉命向格罗德诺进攻，党卫军少尉文策尔（Wenzel）的虎式被毁，车组成员除无线电员外全部阵亡，全连保有坦克数量降至14辆。同日，党卫军上尉费舍尔（Fischer）出任第9连新连长。

1944年7月18日：第9连被部署在涅门河（Njemen River）畔基尔斯基（Kilbaski）的桥头堡阵地中，连长的坦克在回收一辆引擎损坏的虎式（党卫军下士舒尔茨指挥）时遭到友军反坦克炮误击（可能属于党卫军第4装甲掷弹兵师），才上任一天的费舍尔上尉阵亡。

1944年7月19日：第9连奉命支援党卫军第3装甲侦察营对索波克涅（Sopockinie）的进攻，于下午晚些时候占领该地。一辆虎式坦克在没有掩护的情况下进入战场的无人地带，在被击中数次后失去行动能力，车长党卫队下士韦塞尔（Wessel）及其车组成员在被苏军士兵逐出坦克后立即遭到射杀。当日第9连可以作战的虎式坦克数量是9辆，保有坦克数量降至13辆。

1944年7月20日：在基尔博尔基（Kilbolki）发起反击。

1944年7月21日：继续部署在防御阵地上，全连可用坦克为2辆。

1944年7月22日：第9连全部坦克都无法作战，由于第4装甲集团军的北翼出现危机，苏军有可能突破维斯瓦河防线，于是"髑髅"师向谢德尔采（Siedlce）转移。

1944年7月24日：在杜博斯纳（Dubosna）发起反击。

1944年7月26日：向哈拉西莫夫谢（Harasimowitsche）和亚泽（Jazze）的桥梁发起纵深反击。同日，5辆新坦克交付，第9连保有的坦克数量增至18辆。

1944年7月28日：第9连在奥索采搭乘两列火车，准备转移。

1944年7月29日：抵达索科尼奥夫（Sokoiow）。

1944年7月30日：第9连的部分坦克在西尔斯（Sielce）实施防御战斗，但连主力未与在韦斯科夫（Wyskow）以东集结的苏军部队发生接触。

1944年7月31日：第9连的数个车组在华沙附近收了5辆经过翻修的虎式，驾驶它们沿公路渡过维斯瓦河（Vistula）抵达华沙近郊的施陶费尔卡斯尔涅（Stauffer Caserne），第9连保有坦克数量增至23辆。

1944年8月1日：第9连留在华沙的5辆虎式当日仅有1辆可以行动，部署在华沙米洛斯纳大街（Milosna Street）东部尽头的掩护阵地上。当华沙起义爆发时，这辆坦克在下午5时遭到攻击，随即接到突入市中心，与城防司令部取得联系的命令，沿途遭到街垒内起义者各种土制反坦克武器的攻击。

1944年8月2日：第9连驻守华沙的虎式坦克打开了前往机场的道路，掩护空运一队伤员，随后加入镇压起义的巷战，一辆虎式起火焚毁，另一辆被起义者用"铁拳"击毁，其余三辆后来返回部队，一周后抵达，全连保有坦克数量降至21辆。

1944年8月3日：第9连部署在戈兹齐奥夫卡（Gozdziowka）以西的防御阵地上，

第1章 武装党卫军第3装甲团第9连行动日志

当日可以作战的虎式坦克仅有2辆。

1944年8月4日：第9连当日可用兵力为3辆虎式坦克，党卫军中尉奈德哈特再次出任第9连连长。

1944年8月5日：第9连的2辆虎式部署在列斯诺戈拉（Lesnogora），击毁3辆T-34。

1944年8月6日至7日：没有发生交战。

1944年8月8日：第9连当日可用兵力为4辆虎式坦克。

1944年8月12日：第9连向西撤退，当日可用兵力为2辆虎式坦克。

1944年8月14日：第9连当日可用兵力为4辆虎式坦克，没有接到作战任务。

1944年8月19日：奉命进攻克鲁谢（Krusze）东南1公里的苏军阵地。

1944年8月20日：第9连当日可用兵力为3辆虎式坦克。

1944年8月26日：第9连在拉齐明（Radzymin）以东执行防御任务，包围了进攻克连博夫（Klembow）附近突出部的苏军部队。在拉齐明附近的战斗中，党卫军少尉内夫（Neff）和党卫军上士魏德纳（Weidner）的虎式坦克被击毁，全连保有坦克数量降至19辆。同日，连长奈德哈特中尉在车外行动时遭迫击炮炮击身亡，由内夫少尉代理指挥。

1944年8月29日：在迪科夫（Dykow）附近交战。

1944年8月30日：第9连沿着通往拉齐明的公路展开战斗。

1944年8月31日：在齐纳德（Ziende）附近战斗。

1944年9月1日：第9连当日可用兵力为6辆虎式坦克，在纳特奈发动反击。

1944年9月2日：在切尔内斯特鲁加（Czerne Struga）附近战斗。

1944年9月10日至11日：第9连被部署在104高地。

1944年9月15日：第9连被配属于党卫军第3坦克歼击车营，部署在约瑟夫（Josefow）附近。

1944年9月16日：第9连与党卫军"艾克"装甲掷弹兵团第3营及党卫军第3坦克歼击车营协同进攻伦贝尔什奇纳（Rembelszczyzna）和104高地，但是苏军猛烈的炮火和绵密的步兵防御阵地使得德军难以取得进展。

1944年9月17日：上午早些时候，德军继续进攻104高地，在伴随步兵大量伤亡的情况下夺取高地，但很快再次失守。

1944年9月18日：第9连遭到苏军远程火炮的炮击，连长内夫少尉的虎式被击中损毁，驾驶员、无线电员和炮手阵亡，第9连被迫撤到高地后方，该连保有的虎式坦克数量降至18辆。

1944年9月19日：德军向104高地发起第三次进攻，第9连的虎式坦克为了确保快速撤退，将坦克开到高地顶部的反斜面上，将车首朝向己方阵地，将炮塔转向六点钟方向对敌射击，当需要撤退时无须转向，直接开动就行了。当天午夜，该连的虎式撤到高地后方。

1944年9月20日：当天上午，苏军步兵开始向战线渗透，试图迂回坦克侧翼，第9连面临被包围的危险，于是向己方阵地突围。

1944年10月1日：第9连当日可用兵力为6辆虎式坦克。

1944年10月10日：党卫军"艾克"装甲掷弹兵团第2营在6辆虎式坦克掩护下击退了苏军的进攻，并追击至约瑟夫。

1944年10月11日：党卫军"艾克"装甲掷弹兵团第1、2营和6辆虎式向米哈洛夫—格拉比纳（Michalow-Grabina）发起反击，遭到挫败，4辆虎式被击伤。

1944年10月14日：第9连在拉皮格罗什（Lapigrosz）和97高地之间进行防御战，当日可用兵力为3辆虎式坦克。

1944年10月15日：第9连在约瑟夫地区与敌军交战，击毁6辆坦克。

1944年10月22日：第9连将阵地移交党卫军第3坦克歼击车营，返回亚布洛纳—利格亚诺夫（Jablonna-Legjonowo）归建。

1944年10月30日：第9连当日可用兵力为6辆虎式坦克。

1944年10月31日：第9连当日可用兵力为6辆虎式坦克。

1944年11月1日：第9连当日可用兵力为8辆虎式坦克。

1944年11月4日：第9连当日可用兵力为8辆虎式坦克。

1944年11月5日至12月24日：第9连一直在后方休整，没有参加战斗。

1944年11月17日：第9连当日可用兵力为10辆虎式坦克。

1944年12月1日：第9连当日可用兵力为10辆虎式坦克。

1944年12月24日：第9连接到调往匈牙利的命令。

1944年12月25日：上午，全连开始向奥索采行军。

1944年12月26日：第9连在纳谢尔斯克/齐凯瑙（Nasielsk/Zichenau）登上火车，经布龙贝格（Bromberg）、波森（Posen）、布雷斯劳（Breslau）、维也纳（Vienna）抵达拉布（Raab）和科莫尔恩（Komorn）之间的集结区，当日全连有11辆虎式可以作战。

1944年12月29日：第9连的首批部队抵达布达佩斯以西的科莫尔恩火车站。

1944年12月30日：第9连进驻科莫尔恩附近的原匈牙利兵营，全连可用兵力为11辆虎式。

1944年12月31日：第9连接收补给品，同时为坦克涂以冬季白色涂装，晚间21时接到命令，于次日沿着通往涅尔盖什伊福卢（Nyergesujfalu）的公路发起进攻，第9

第1章 武装党卫军第3装甲团第9连行动日志

连当晚还举行了新年聚会。

1945年1月1日：第9连当日可用兵力为11辆虎式坦克，在瑟尼（Szöny）附近集结，进攻有所推迟，但在攻击命令下达后，德军在虎式坦克引领下向杜纳尔马斯（Dunaalmas）发起冲击，与午夜夺取该地，连长因坦克中弹损毁只能更换座车，最后德军的进攻被雷区所阻，第9连保有的坦克数量降至17辆。

1945年1月2日：德军于凌晨2时再次开始进攻，向苏军防线左翼实施迂回，在黄昏时分抵达阿尔马森梅里（Almasnesmely）后面的公路，进攻夺取了许特（Sutö），在粉碎了苏军在拉巴特兰（Labatlan）的抵抗后，与下午早些时候抵达涅尔盖什伊福卢的第96步兵师会合。虎式坦克在补充了油料弹药后，继续向巴霍特（Bajot）方向进攻。

1945年1月3日：第9连在巴约纳（Bajna）附近战斗，击毁数辆苏军坦克，党卫军候补军官布劳（Blau）的虎式坦克被击毁，全连保有坦克数量降至16辆。

1945年1月4日：在夺取巴约纳后，继续向焦尔毛特普什（Gyarmat Psz）继续进攻。

1945年1月5日：德军向索莫尔（Szomor）展开突击，同时掩护东侧，在击毁数辆坦克后挫败了苏军的反击，在战斗中有3辆虎式被击毁，第9连保有坦克数量降至13辆。

1945年1月6日：第9连当日可用兵力为4辆虎式坦克，当日下午对梅尼（Many）进行了火力侦察，在索莫尔外围以及梅尼—扎姆贝克（Many-Zsambek）以北，2辆虎式和1辆Ⅳ号坦克被反坦克炮击中受损，因无法回收而被迫炸毁。连长座车也被击伤，炮长党卫军上等兵克里普尔（Krippl）左臂被打穿，只能由营部军医在没有麻醉的情况下冒着炮火进行了截肢手术，连长的901号坦克随后被装上火车运往维也纳进行修理，第9连保有的坦克数量降至10辆。

1945年1月7日：第9连当日可用兵力为4辆虎式坦克。

1945年1月12日：德军向皮利什山（Pilis Mountains）发动攻势，以解除苏军对布达佩斯的包围，但最终没有成功，第9连奉命调往维斯普雷姆（Veszprem）东北地区。

1945年1月18日：解救布达佩斯的任务由党卫第4装甲军全权负责，"骷髅"师与三个战斗群一道由昆戈施（Küngos）向东北行军，第509重装甲营及党卫军第3装甲团第9连共9辆虎式均配属于师属装甲团，作为进攻的矛头。德军工兵努力在雷区内清理了数条进攻通道，德军装甲部队随即占领了桑多尔卡（Sandorka），随后就地转入防御，在费尔索绍姆约（Felsösomlyo）以南通往索包德包詹（Szabadbattyan）的道路上防御苏军坦克。

1945年1月19日：德军试图夺取萨尔维茨运河（Sarviz Canal）上一座适合坦克

通过的桥梁,但在所有努力归于失败后,进攻陷入停滞。当天下午,德军在索包德包詹火车站以东发现一处浅滩可供坦克泅渡,但是夜色和大雪使得所有攻势都无法实施。

1945年1月20日:第9连当日可用兵力为2辆虎式坦克。上午,"髑髅"师装甲战斗群转向谢赖格里(Seregelyes)以北进攻,于中午抵达丁涅什(Dinnyes),并沿着南面的堤道向加尔多尼推进。

1945年1月21日:党卫军第3装甲团剩余的作战力量——6辆Ⅳ号坦克、2辆"黑豹"和1辆虎式与党卫军"艾克"装甲掷弹兵团第1、2营在基斯韦伦采(Kisvelencze)东南集结,该战斗群与第24装甲团第1营沿着韦伦采湖(Lake Velencze)岸边,经考波尔瑙奇涅克(Kapolnasnyek)向包劳奇卡(Baracska)进攻,但无法彻底粉碎苏军在波尔瑙奇涅克的顽强防御,于夜间部署在通往包劳奇卡的公路两侧的防御阵地上。

1945年1月22日:第9连继续在考波尔瑙奇涅克附近作战,所有留在维斯普雷姆的虎式都被送往装甲团的维修厂。

1945年1月25日:德军越过瓦利河(Vali River)的攻势停止了,取而代之的是一个新的进攻计划,从佩滕德(Pettend)出发攻击奥乔(Acsa),目的是歼灭韦伦采湖以北的苏军,此次行动将与第3装甲军共同实施。党卫军第3装甲、第24装甲团第1营和第509重装甲营在圣佩滕德(Sz.Pettend)附近集结,组成克勒夫纳战斗群(Kampfgruppe Kleffner),由党卫军"艾克"装甲掷弹兵团团长党卫军上校克勒夫纳指挥,进攻时间是当晚22时。

1945年1月26日:虽然遭到苏军的强烈抵抗,德军还是在午夜之后夺取了帕兹曼德(Pazmand),之后继续进攻韦赖布(Vereb)东北部和瓦尔(Val)以南地区。党卫军第3装甲团团长皮切尔里斯(Pittschellis)中校的座车被击伤,在试图更换坦克时受到致命伤。面对优势的苏军坦克部队,党卫军第4装甲军军长吉勒上将(Gille)与上级巴尔克大将(Balck)就是否继续进攻发生了争执,而党卫军第3装甲经过激战后仅有1辆Ⅳ号坦克、1辆"黑豹"和1辆虎式尚能作战。

1945年1月27日:德军就地转入防御,苏军第23坦克军的反击被遏制了,这支苏军部队几乎被毁灭了。夜间,德军接到撤往包劳奇卡、佩滕德、考波尔瑙奇涅克铁路沿线的命令。

1945年1月29日:由于苏军向德军防线持续施压,"髑髅"师无法按照计划从前线撤换,师属装甲团所有经过修理的坦克,包括5辆虎式都部署在加尔多尼附近的阵地上,抵御从阿格(Agg)、圣彼得(Szt. Peter)和考波尔瑙奇涅克尝试突破的苏军部队。

第 1 章　武装党卫军第 3 装甲团第 9 连行动日志

1945年2月1日：第9连当日可用兵力为2辆虎式坦克。

1945年2月4日：第9连当日可用兵力为2辆虎式坦克。

1945年2月6日：第9连的4辆虎式配合党卫军第5"维京"装甲师的部队封闭了亚诺什米亚尔（Janos Mjr）附近的防线漏洞。党卫军上士维默尔（Wimmer）领导的一个车组奉命前往维也纳，接收一辆修复的虎式坦克，但它直到3月5日才最后抵达部队。

1945年2月12日：第9连当日可用兵力为2辆虎式坦克。

1945年2月13日：第9连当日可用兵力为2辆虎式坦克。

1945年2月15日至19日：第9连没有参与战斗行动。

1945年2月20日：第9连当日可用兵力为6辆虎式坦克。

1945年2月24日：第9连部署在扎莫伊（Zamoly）两侧的防御工事内。

1945年3月1日：第9连当日可用兵力为6辆虎式坦克。

1945年3月4日：第9连当日可用兵力为2辆虎式坦克。

1945年3月6日：德军开始实施"春醒"行动（Operation Spring Awakening）。

1945年3月7日：第9连当日可用兵力为6辆虎式坦克。

1945年3月8日：德军夺取了德格（Degh）东北3公里的高地。

1945年3月9日：德军经胡萨尔帕兹（Huszar Paz）向希蒙托尔（Simontor）以北的阵地突击，摧毁了一处反坦克炮阵地，夜间占领了法内斯普兹（Fanes Psz）。

1945年3月10日：第9连在法内斯普兹附近部署了4辆虎式。

1945年3月11日：第9连当日可以作战的坦克是7辆，党卫军中尉文克（Wenke）担任第9连连长，率部在希蒙托尔尼奥亚（Simontornya）附近展开行动。

1945年3月15日：第9连当日可用兵力为7辆虎式坦克。

1945年3月16日：苏军发起反击，德军集结地域遭到炮击，5辆虎式部署在马扎尔阿尔马斯（Magyaralmas），其余坦克部署在该城东北部。

1945年3月17日：一列运送补给品的火车在莫尔（Mor）附近遇阻受困，遭到苏军步兵的攻击和洗劫，随后大群的步兵向莫尔以北阵地上的2辆虎式扑来，迫使其撤退。第9连剩下5辆虎式在马扎尔阿尔马斯完成武器校准后留在原地作为预备队待命，1辆虎式在撤退过程中陷入沼泽，只得由友军击毁，第9连保有的坦克数量降至7辆，当日该连可用兵力为7辆虎式坦克。

1945年3月18日至19日：第9连向莫尔撤退。

1945年3月21日：党卫军少尉海德布特斯基（Heidbutzki）指挥一个小型战斗群对凯特采（Ketc）发起反击，在第二次突击时得手。第9连的2辆虎式和第6装甲师一部支援了海德布特斯基的进攻。

1945年3月22日：第9连与党卫军第3装甲团第11连的残部在瑙杰斯泰尔加（Nagyesztergar）外围800米处展开防御战斗。

1945年3月24日：第9连及友军部队沿着战线各要点占据防御阵地，当日可以作战的虎式坦克仅有2辆。

1945年3月25日：党卫军第3装甲团余部沿着帕帕（Papa）至毛尔曹尔托（Marczaltö）的公路撤退，逃脱了苏军的包围。

1945年3月30日：1辆虎式从里青格（Ritzing）维修厂返回部队，在诺伊塔尔（Neutal）附近与苏军遭遇，这辆坦克后来被遗弃了，第9连保用坦克数量降至6辆。"髑髅"师一部乘夜色向大岑克（Nagycenk）和霍灵（Holling）撤退，在前往佩雷斯格（Peresteg）途中，1辆虎式被击毁，第9连保有坦克数量降至5辆。

1945年3月31日：第9连连长文克中尉指挥师属装甲战斗群（5～6辆虎式和2辆突击炮）实施解围行动，从里青格突击被苏军占领的霍尔奇霍恩（Horitschon），最终夺取了目标，击毁了17辆苏军坦克，之后向北撤退。

1945年4月1日：党卫军第3装甲团剩余部队在圣珀尔滕（St.Pölten）东南地区集结。

1945年4月3日：第9连在克雷姆斯（Krems）附近的特罗斯（Tross）集结，失去坦克的车组成员被调往维也纳作为步兵参战。

1945年4月4日：党卫军第3装甲团的最后一批坦克在格岑德多夫（Götzendorf）展开行动，随后前往皮切尔斯多夫（Pitschelsdorf），由维默尔上士和塔斯勒（Tassler）上士指挥的2辆虎式也参与行动。

1945年4月5日：第9连残部经德意志克罗伊茨（Deutschkreuz）、维也纳新城（Wiener Neustadt）向巴登（Baden）撤退，维修部队修复了一辆虎式，但没有主炮弹药，这辆坦克在巴登被配属于党卫军"帝国"师，尽管没有经历战斗，第9连还是损失了一辆虎式。由维默尔上士指挥的一辆翻修虎式由铁路运到连队驻地，随后在维也纳新城附近执行了为时一周的掩护行动，然后归建。

1945年4月7日至9日：第9连经克劳森（Klausen）、利奥波德斯多夫（Leopoldsdorf）、普雷斯鲍姆（Pressbaum）、锡格哈茨基兴（Sieghartskirchen）行军到尤登瑙（Judenau）。

1945年4月10日：第9连抵达图尔恩（Tulln）和朗根洛伊斯（Langenlois）。该连余部在雷希贝格地区（Rechberg）一直停留到5月初，维修部队又修复了2辆虎式，还有1辆来自陆军的虎Ⅱ临时加入该连，但没有经历战斗。在这一时期，维修部队还将几辆从苏军手中缴获的美制M4坦克去掉炮塔，加装四联装20毫米高射炮，供一支陆

第1章　武装党卫军第3装甲团第9连行动日志

军部队使用。

1945年5月8日：党卫军第3装甲团第9连炸毁了最后三辆坦克。"髑髅"师主力在普雷加滕（Pregarten）向美军投降，大部分人被移交苏联处置，仅有少数士兵成功逃走。

战果统计

党卫军第3装甲团第9连自1943年初赴东线参战至1945年5月投降，总计击毁了超过500辆坦克和自行火炮，自身损失56辆虎式坦克。

党卫军第3装甲团第9连历任指挥官

党卫军上尉坎特（1942年11月15日至1943年2月20日）

党卫军上尉莫斯莱克纳（1943年2月20日至3月19日，阵亡）

党卫军中尉施罗德（1943年3月20日至7月12日）

党卫军少尉克勒（1943年7月8日至7月12日，代理，阵亡）

党卫军少尉许斯勒（1943年7月12日至8月11日，代理）

党卫军少尉奥瓦德（1943年8月11日至9月1日，阵亡）

1943年9月1日至11月1日：该连没有军官，连长空缺。

党卫军中尉贝特克（1943年11月1日至1944年3月3日，阵亡）

党卫军中尉奈德哈特（1944年5月2日至7月17日）

党卫军上尉费舍尔（1944年7月17日至18日，阵亡）

党卫军中尉奈德哈特（1944年8月4日至26日，阵亡）

党卫军少尉内夫（1944年8月26日至9月18日，阵亡）

党卫军中尉文克（1945年3月11日至5月8日，投降）

党卫军第3装甲团第9连虎Ⅰ/虎Ⅱ坦克接收及保有数量统计表

接收日期	虎Ⅰ坦克	虎Ⅱ坦克	保有数量	备注
1943.1	9	—	9	另有10辆Ⅲ号J型
1943.5.10	3	—	9	由党卫军装甲军调拨
1943.5.20	6	—	15	1辆来自党卫军装甲军
1943.7.29	8	—	22	由"警卫旗队"师移交
1943.10.3	5	—	23	由"警卫旗队"师移交
1944.5.2	3	—	3	
1944.5.20	4	—	7	
1944.6.7	2	—	9	
1944.6	6	—	15	由党卫军第103重装甲营移交
1944.7.26	5	—	18	
1944.7.31	(5)	—	23	修复坦克
总计	51	0		

※ 原书统计如此,实际总计为56。责编注。

党卫军第3装甲团第9连虎Ⅰ/虎Ⅱ坦克损失情况统计表

损失日期	损失数量	保有数量	备注
1943.2.21	1	8	后送维修
1943.3.8	1	7	后送维修
1943.3.20	1	6	被击毁
1943.7.7	1	14	毁于炮火
1943.7.31	2	20	被己方乘员摧毁
1943.8.12	1	19	被己方乘员摧毁
1943.10.30	1	16	被反坦克炮击毁
1943.11.3	1	18	被击毁
1943.12	?	?	被击毁
1944.1.1	?	?	被击毁
1944.1.16	4	?	被反坦克炮击毁
1944.4.14	?	0	被己方乘员摧毁
1944.7.17	1	14	被击毁
1944.8.2	2	21	在巷战中被击毁
1944.8.26	2	19	被击毁
1944.9.18	1	18	毁于炮火
1945.1.1	1	17	被击毁
1945.1.3	1	16	被击毁
1945.1.5	3	13	被击毁
1945.1.6	2	11	被反坦克炮击毁
1945.1.6	1	10	后送维修
1945.2	2	8	后送维修
1945.3.17	1	7	被己方炮火击毁
1945.3.30	2	5	1辆自毁、1辆被击毁
1945.4.4	2	3	被己方乘员摧毁
1945.4.5	1	2	被己方乘员摧毁
1945.5.8	2	0	被己方乘员摧毁
总计	56		战损55%,自毁35%,其他原因损失10%

※ 原书统计如此,责编注。

第1章 武装党卫军第3装甲团第9连行动日志

党卫军第3装甲团第4连编制序列（1943年1月）

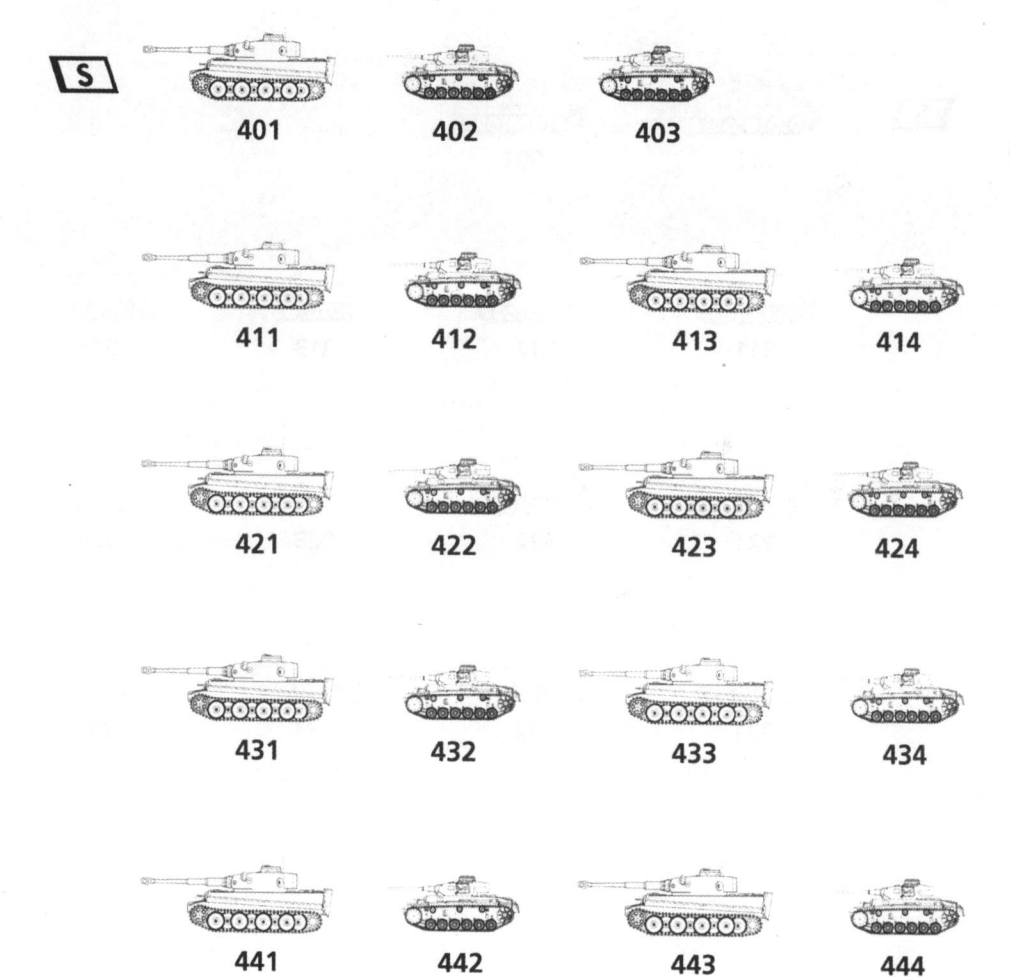

401	402	403	
411	412	413	414
421	422	423	424
431	432	433	434
441	442	443	444

党卫军第3装甲团第9连编制序列（1943年7月）

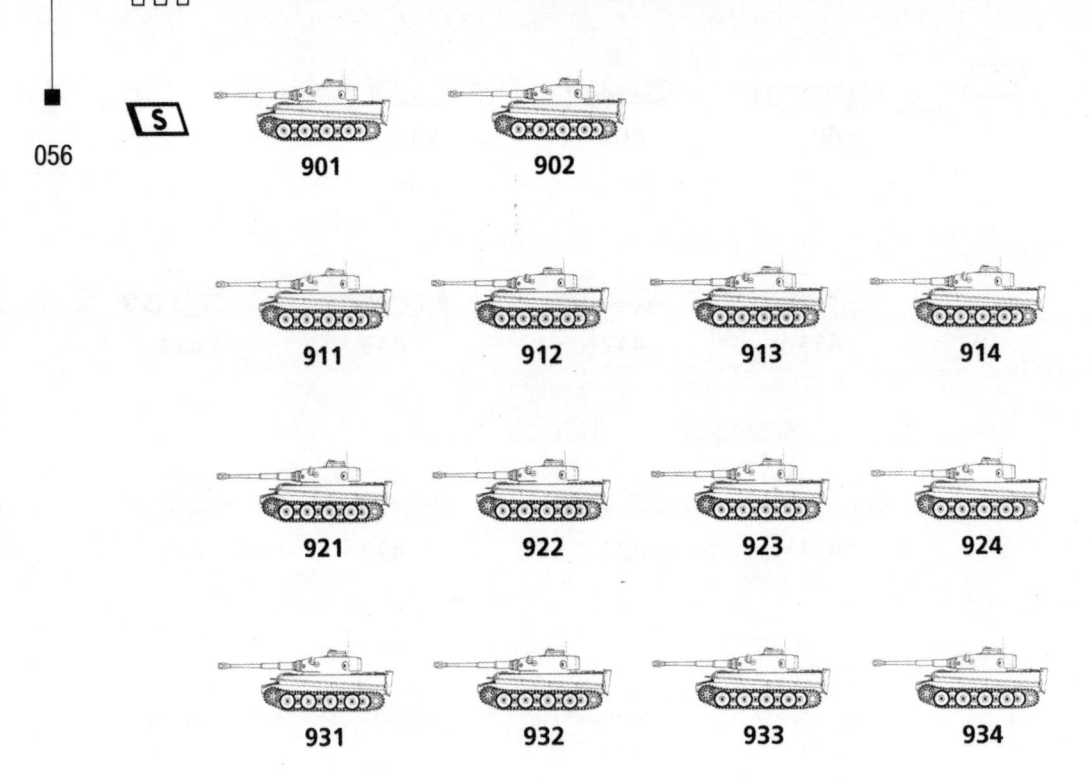

S

901　902

911　912　913　914

921　922　923　924

931　932　933　934

第1章　武装党卫军第3装甲团第9连行动日志

党卫军第3装甲团第9连编制序列（1943年10月）

901	902

911	912	913	914	915
921	922	923	924	925
931	932	933	934	935
941	942	943	944	945

虎式坦克 全景战史

※ 上图 1942年底，党卫军"髑髅"师在法林格博斯特尔开始组建本师的重装甲连，番号为党卫军第3装甲团第4连。图为该连所辖的Ⅲ号J型坦克，尚未涂绘编号，但在车体正面绘有"髑髅"师师徽。

※ 左中图 1943年2月10日，党卫军第3装甲团第4连登上火车启程开赴东线。图为该连的三名士兵在413号Ⅲ号坦克前合影，注意左侧一部卡车的尾部绘有"髑髅"师师徽。

※ 左图 1943年3月初，党卫军第3装甲团第4连抵达哈尔科夫前线，准备反击作战。图为该连的车辆在一座村落内集结，能够看到431号虎式坦克。

第1章 武装党卫军第3装甲团第9连行动日志

※ 上图 1943年2月底,党卫军第3装甲团第4连的车队在泥泞湿滑的道路上艰难前行,摄于该连经克拉斯诺格勒向哈尔科夫地区挺进途中。

※ 上图 1943年2月底,党卫军第3装甲团第4连在前往哈尔科夫途中,一辆卡车陷入泥坑中,准备由412号Ⅲ号坦克将其拖出。

※ 上图 遇到麻烦的不仅仅是卡车,坦克也常常因地形原因陷入困境,图中第4连连部的403号Ⅲ号坦克在试图涉水过河时不慎陷在河道中央。

※ 左图 党卫军第3装甲团第4连连长乘坐的401号虎式坦克，摄于1943年3月哈尔科夫战役期间，在这次战役中第4连经受了最初的战斗洗礼。

※ 左图 1943年3月8日，由克勒少尉指挥的411号虎式坦克在格里热科夫沃附近尝试穿过一条封冻的河流时，压碎了冰面，半沉在河道中，直到4月间才被回收运往后方维修。

※ 左图 伴随步兵部队行动的党卫军第3装甲团第4连的422号Ⅲ号坦克，注意这辆坦克安装了特殊的加宽履带，以减轻履带的接地压力，适于在冰雪地形中行进。

第1章 武装党卫军第3装甲团第9连行动日志

※ 右图 党卫军第3装甲团第4连的Ⅲ号坦克主要从事侦察行动，照片中一位Ⅲ号坦克的车长拿着地图与其他军官一道等待一次任务简报，他面前的坦克涂以白色伪装，但车体正面的师徽附近仍能看出灰色底色。

061

※ 右图 在哈尔科夫战役胜利结束后，党卫军第3装甲团第4连于1943年3月底在米科亚诺夫卡进行短期休整。图为停在村庄内的一辆虎式坦克，此时车身的白色涂装已经被去除，但还留有一些痕迹。

※ 右图 1943年5月中旬，党卫军第3装甲团第4连被调往于施尼休整，并为"堡垒"行动做准备。图为三名该连的士兵用井水沐浴，他们身后远处农舍旁边的柴堆实际上是经过伪装的虎式坦克。

※ 左图　在1943年5月间，党卫军第3装甲团第4连建制内仍编有Ⅲ号坦克。图为一辆用树枝进行伪装的Ⅲ号坦克，车辆编号为444号，但炮塔侧面的编号首位数字被涂掉了。

※ 左图　在休整期间，党卫军第3装甲团团长波斯曼少校（左二）在几名军官的陪同下访问第4连的驻地，他们身后是经过伪装的443号虎式坦克。

※ 左图　在休整期间，党卫军第3装甲团第4连的士兵们在一辆缴获的美制M3型中型坦克前留影，这种坦克是美国根据租借法案提供给苏联军队的援助。

第1章　武装党卫军第3装甲团第9连行动日志

※ 上图　1943年5月一批崭新的虎式坦克从德国启运，送往东线战场，充实党卫军第3装甲团第4连的实力，图为已经装车准备启程的一辆虎式坦克。

※ 右图　当运输虎式坦克的军列穿过广袤的俄罗斯大地时，两位第4连的士兵利用旅途时间使用快速装弹器为机枪弹链装弹，两人的脖子上都挂着装好的弹链。

虎式坦克 全景战史

※ 上图　1943年5月间，党卫军第3装甲团第4连经过改编，撤除所有Ⅲ号坦克，全部装备虎式坦克，并且达到兵力超编状态，拥有15辆虎式，番号也改为党卫军第3装甲团第9连。这幅照片拍摄于5月20日，第9连的虎式坦克奉命沿公路向布迪集结，并在那里为大规模进攻做准备。注意这些坦克的车身上并未涂绘标志和编号，有可能是刚刚送达的新坦克，尚未来得及完成涂装工作。

※ 右图　在1943年春季，虎式坦克仍然是一种新式武器，德军尽可能采取保密措施，隐藏这种武器的存在，不过第9连用的伪装手段有点奇怪，使用帆布将坦克炮塔盖起来；最有趣的是还在车体正面写上"欧宝－闪电"的字样，这是德军常见的卡车品牌，还煞有其事地写上了车牌号，欲盖弥彰，没什么人会把这个装履带的大家伙当成一辆普通卡车的。

第1章 武装党卫军第3装甲团第9连行动日志

※ 左图 在党卫军第3装甲团第9连抵达布迪后，该连的拉赫纳下士（左）与莫尔茨施尼克一等兵（右）在一辆虎式坦克前合影，后者非常休闲地穿着党卫队运动背心，看起来当时气氛并不算紧张，第9连官兵还有闲暇做做运动。

※ 下图 党卫军第3装甲团第9连的一辆崭新的虎式坦克，摄于1943年5月下旬到达布迪时，此时这辆坦克仍保持着出厂时的橄榄黄单色涂装，也没有编号和标志，车组成员需要为其涂刷迷彩以及编号标志，这辆坦克后来的编号是911，是该连第1排排长科斯勒少尉的座车。

虎式坦克 全景战史

※ 上图　党卫军第3装甲团第9连932号虎式坦克的车组为坦克罩上了一张伪装网，在进行伪装作业时还会在网上插上树枝植被，得到更好的隐蔽效果。

※ 下图　党卫军第3装甲团第9连923号虎式坦克利用天然的灌木丛隐蔽自己，摄于1943年6月底，当时该连已经进入"堡垒"行动的最后集结地，连队的所有坦克都在车体正面绘制了"髑髅"师的变形师徽，正如本图所示。

第1章　武装党卫军第3装甲团第9连行动日志

※ 上图　在1943年6月下旬"堡垒"行动的最后准备阶段，党卫军第3装甲团第9连维修排忙于对虎式坦克进行维修，以确保所有装备都能以最佳状态投入战斗。

※ 下图　党卫军第3装甲团第9连911号虎式坦克的一名车组成员在座车前留影，摄于1943年6月间。注意这辆坦克已经将一条拖曳钢缆连接到车头的环扣上，这是为了在行军和战斗时发生意外，便于进行拖曳救援。

虎式坦克 全景战史

※ 左图 党卫军第3装甲团第9连维修排的士兵们在完成一次动力系统的维修保养后，驾驶尚未安装炮塔的坦克试车，体验一把飙车的快感。

※ 左图 党卫军第3装甲团第9连933号虎式坦克的驾驶员在战役前夕的最后闲暇时光里找机会开怀畅饮，天知道这一仗打下来还有没有命品尝美酒。

※ 左图 鉴于持续的空中威胁，党卫军第3装甲团第9连的虎式坦克车组成员们已经习惯了在坦克肚子底下睡觉，还有比这个更可靠的防空隐蔽所吗？

第1章 武装党卫军第3装甲团第9连行动日志

※ 右图 1943年7月5日,"堡垒"行动开始,党卫军第3装甲团第9连已经为这次作战进行了充分的准备,图为进攻发起前夕,该连的一辆虎式坦克在热车。

※ 右中图及下图 1943年7月5日,"堡垒"行动的初始阶段,在党卫军第3装甲团第9连913号虎式坦克的引领和掩护下,"髑髅"师的部队沿公路向进攻出发地域开进,从照片中可以看到德军车队规模很大,几乎望不到尽头。

虎式坦克 全景战史

※ 左图及下图　与"警卫旗队"师的重装甲连一样，"髑髅"师所属的党卫军第3装甲团第9连也没有在"堡垒"行动中留下太多的照片，本页是少数照片中的两幅。左图是该连一位虎式坦克的装填手抱着一枚88毫米炮弹从炮塔顶部的舱口注视镜头，他的脸上带有与其年轻的年龄不甚相符的镇定和平静。下图则是"髑髅"师的装甲战斗群向苏军主防线展开突击的现场照面，可以看到虎式坦克冲锋在前，后面是搭载着步兵的突击炮和半履带装甲车，苏军炮弹激起的烟尘还飘荡在半空中。

第1章　武装党卫军第3装甲团第9连行动日志

※ 上图　党卫军第3装甲团第9连921号虎式坦克的车组成员在战斗结束后，兴高采烈地围着炮塔侧面苏军炮弹造成的弹痕拍照留念，显然虎式坦克的优良防御性能给他们带来了极大的安全感，几乎每一辆参加"堡垒"行动的虎式坦克都发生过这种击中未击穿的情况。

※ 下图　由于激烈的战斗导致虎式坦克时常受损，党卫军第3装甲团第9连的抢救回收分队显得异常忙碌，图为战役期间回收分队的两辆18吨牵引车拖带一辆损伤的虎式坦克返回后方阵地。据统计，在战役最初几天内，该连抢修排的牵引车就已经创下了数千公里的行程记录。

虎式坦克 全景战史

※ 上图　在"堡垒"行动偃旗息鼓之后，党卫军第3装甲团第9连转而投入后卫战斗，阻滞苏军反攻，掩护其他部队撤退。图为一队从前沿撤退的步兵从该连的虎式坦克旁边经过，他们个个没戴钢盔，一脸疲倦，连续数日的激战令每一个人都精疲力竭。

※ 下图　1943年7月下旬，党卫军第3装甲团第9连随同"髑髅"师主力前往米乌斯河前线。图为沿公路向新战区开进的虎式坦克纵队，旁边是运送补给的马车。

第1章 武装党卫军第3装甲团第9连行动日志

※ 上图　无论是在战前准备时期，还是战斗高潮阶段，抑或是战后休整期间，重坦克连维修排的官兵们总是难得清闲，他们需要夜以继日地工作，以最快的速度将受损坦克修复，使其恢复作战能力，重返前线。图为党卫军第3装甲团第9连的后方维修厂，可见一辆拆掉炮塔的虎式坦克以及门式吊车。

※ 下图　为了减轻维修排的压力，诸如更换负重轮和重新连接履带之类的修理工作通常由车组成员利用战斗间歇自行完成，图为第9连一辆虎式坦克在修理负重轮。

※ 左图 对于初期型虎式坦克而言,圆柱形指挥塔是一个明显的弱点,因为整个指挥塔只是用螺栓固定在炮塔顶盖上,非常容易被炮火摧毁,图为第9连的一名军官在检查指挥塔上被反坦克枪击中的部位。

※ 左图 1943年7月底,党卫军第3装甲团第9连接收了由"警卫旗队"师党卫军第1装甲团第13连移交的8辆虎式坦克,本图就是其中一辆,其原先的编号为1313。

※ 左图 "警卫旗队"师第13连的1313号虎式坦克后来成为党卫军第3装甲团第9连的933号坦克,图为933号坦克的新车长拉赫纳下士带领车组成员清洗主炮。933号坦克有一个很特别的识别特征,在车体正面中央有一个幸运马蹄铁图案。

第1章　武装党卫军第3装甲团第9连行动日志

※ 本页组图 "堡垒" 行动结束后，党卫军第3装甲团第9连得到短期休整。右图为该连的一个虎式坦克车组成员呈阶梯状依次坐在车身上，一边享受阳光，一边享用午餐；下图是同一个坦克车组在等待维修部队将受伤的座车拖往维修厂修理。

虎式坦克 全景战史

※ 上图 党卫军第3装甲团第9连的一辆虎式坦克在一处灌木丛中隐蔽待机，车组成员用树枝对坦克进行了伪装，摄于库尔斯克战役后第9连在别尔哥罗德地区行动期间。值得注意的是这辆虎式的炮管上有六道战果标志，表明在"堡垒"行动中击毁了6辆苏军坦克。

※ 下图 1943年8月初，拉赫纳下士的"幸运马蹄铁"遇到了麻烦，在发生故障后丧失机动能力，被拖曳到一片稀疏的树林里，等待修理，而车组成员则在一辆半履带卡车上暂时休息，其中一位直接躺在紧靠引擎的前轮挡泥板上，在挡泥板上还绘有重装甲部队的战术标志。

第1章　武装党卫军第3装甲团第9连行动日志

※ 右图　拉赫纳下士与另一位虎式坦克车长在他的"幸运马蹄铁"前合影留念，注意坦克炮管上挂着一件迷彩帆布雨披，车组成员经常利用炮管加雨披搭建临时帐篷。

※ 右图　第9连一辆虎式坦克的车组成员坐在经过伪装的坦克旁边，聚精会神地阅读新出版的《东线》杂志，消遣时光。

※ 右图　第9连924号虎式坦克及其车组成员，摄于1943年8月别尔哥罗德地区，924号虎式坦克也是由"警卫旗队"师移交的坦克之一。

虎式坦克 全景战史

※ 上图　党卫军第3装甲团第9连的911号虎式坦克停在一栋俄国农舍旁。在休整时坦克手们通常都喜欢到农家借宿，尤其在寒冷的冬季，在农舍内躲避风雪是非常令人向往的。

※ 中图　党卫军第3装甲团第9连一辆虎式坦克的成员们在坦克前面对镜头集体给鸡拔毛，这些鸡是从当地农民手里获得的，可以让他们改善一下伙食。

※ 下图　党卫军第3装甲团第9连的虎式坦克在乘火车抵达新防区后进行履带更换作业，摄于1943年7月底该连向米乌斯河前线调防之时。

第 1 章　武装党卫军第 3 装甲团第 9 连行动日志

※ 上图　在接收了"警卫旗队"师的虎式坦克后，党卫军第3装甲团第9连的坦克数量达到22辆，已经处于超编状态，于是利用多余的坦克组建了第4排。图为该连第4排的几名车组成员围着一张木桌吃午饭，看起来吃得相当简单，只有汤和面包而已。

※ 下图　经过一番修理，拉赫纳下士的"幸运马蹄铁"终于恢复了行动能力，可以重新驰骋疆场，而新的战斗就在不久的将来等待着它和车组成员们。

虎式坦克 全景战史

※ 左图 党卫军第3装甲团第9连的几名坦克兵在战斗数日后返回战场，检查在战斗中起火焚毁的座车，这是该连在库尔斯克战役中完全战损的两辆坦克之一。

※ 下图 秋天正是收获的季节，党卫军第3装甲团第9连的虎式车组成员在对坦克进行伪装时也充分考虑了这一季节的特点，利用成捆的麦秆作为伪装物，图为该连933号坦克的一位成员在麦秆伪装间留影。

第1章　武装党卫军第3装甲团第9连行动日志

※ 上图及下图　1943年8月31日，党卫军第3装甲团第9连出动2辆虎式进攻科隆塔耶夫以南的高地，党卫军下士普里瓦茨基的虎式被重炮击中，驾驶员阵亡，坦克起火焚毁。这幅照片就是这辆不走运的虎式坦克的最后惨况，从打开的发动机盖板判断，炮弹可能直接命中了车体后部。

虎式坦克 全景战史

※ 上图　1943年8月在米乌斯河前线的战地维修厂内，第9连的922号虎式坦克在修理右侧的行走机构，在坦克前交谈的两个人分别是维修排排长哈德拉少尉（左）和回收分队指挥官比尔曼上士（右）。

※ 下图　1943年9月，随着战局的恶化，党卫军第3装甲团第9连随"髑髅"师踏上西撤之路。图为该连的一辆虎式坦克在撤退途中涉过一条小溪，这种地形条件不利于虎式坦克的行进。

第1章　武装党卫军第3装甲团第9连行动日志

※ 上图　1943年10月3日，一批新的虎式坦克交付党卫军第3装甲团第9连，这批坦克为更换了新型指挥塔的中期型，而且车身敷设了防磁涂层，图中这辆坦克还非常少见地在指挥塔上架设了机枪。

※ 中图　新坦克在抵达第9连的驻地后还需要重新喷涂迷彩以及涂绘车辆编号和标志。

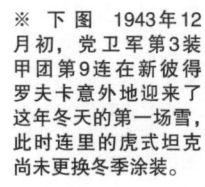

※ 下图　1943年12月初，党卫军第3装甲团第9连在新彼得罗夫卡意外地迎来了这年冬天的第一场雪，此时连里的虎式坦克尚未更换冬季涂装。

虎式坦克 全景战史

※ 左图　1943年12月底，党卫军第3装甲团第9连在古罗夫卡休整，933号虎式坦克车长拉赫纳下士不知从什么地方搞来一匹马，这位惯于驾驭钢铁猛虎的骑士不知道在真正的马鞍上是不是也那样得心应手，注意他的座车此时已经更换了白色冬季涂装。

※ 下图　1944年1月7日，党卫军第3装甲团第9连在尼古拉斯耶夫卡以北地区发起进攻，成功突破了苏军数道反坦克阵地，但也有3辆虎式坦克被击毁。图中即其中一辆坦克的残骸，看来内部发生了严重的弹药殉爆，炮塔和车体上半部分全都被炸毁了。

※ 左图　1944年3月初，当天气回暖，冰雪消融，党卫军第3装甲团第9连的坦克兵们发现了一个去除冬季涂装的妙招，就是用烂泥糊满坦克全身，还能起到非常好的伪装效果！

第 1 章　武装党卫军第 3 装甲团第 9 连行动日志

※ 本页组图　在1943年至1944年的冬季，党卫军第3装甲团第9连的官兵们在坦克涂装方面有一个很有创意的做法，在喷涂白色伪装色时不必费心地重新涂绘车辆编号和标志，而是在炮塔两侧悬挂写有编号的木牌，省时省力，非常简便，必要时还可收起木牌，增加伪装效果。右图是属于第9连连部的一辆虎式坦克车组成员的合影，注意照片右下角木牌的一角，下图是该连922号虎式坦克的一幅照片，在炮塔侧面可以看到木牌编号。

虎式坦克 全景战史

※ 左图 1944年3月中旬党卫军第3装甲团第9连奉命前往布格河桥头堡地区作战，这幅照片摄于该连坦克在新乌克兰卡装车启运时，注意车体后部堆满了油桶，看来卸车后还有相当长的路程才能抵达前线。

※ 左图 在开往前线的旅途中，党卫军第3装甲团第9连的官兵们利用这段时间自娱自乐，照片中一名士兵坐在坦克上为战友拉起手风琴，在他下方的另一位士兵则在看书。

※ 左图 党卫军第3装甲团第9连的官兵们充分发挥聪明才智，让自己的旅途生活过得尽量舒适些，这幅照片就是证明，他们在虎式坦克前后搭起了临时住所，即使途中遭遇风雨也不必担心。

第1章　武装党卫军第3装甲团第9连行动日志

※ 上图　1944年3月党卫军第3装甲团第9连的军列在开赴布格河前线途中临时停车，从照片中观察，左侧那辆虎式坦克的冬季涂装已经大片剥落，车身斑驳陆离，而后面的923号虎式几乎通体雪白，与周围的背景形成明显的反差，不利于隐蔽。

※ 下图　1943年3月底，党卫军第3装甲团第9连抵达布格河前线，图为该连的一辆虎式坦克在一座村庄外占据阵地，进行警戒。

虎式坦克 全景战史

※ 上图　党卫军第3装甲团第9连饲养了一只小狗作为全连的吉祥物，取名普菲菲（Pfiffi），图中这只小狗被置于虎式坦克的主炮炮口上，拍下一张极富喜感的照片。

※ 下图　1944年4月初，党卫军第3装甲团第9连在罗曼地区集结休息，并等待数日后前往蒂拉斯波尔。图为该连的一个虎式坦克车组在罗曼休整时在户外晒太阳，从他们的着装看当时的气温已经相当高了。

第1章　武装党卫军第3装甲团第9连行动日志

※ 上图及下图　1943年4月初，党卫军第3装甲团第9连利用在罗曼休整的机会，对全连的车辆进行了重新涂装，包括坦克和辅助车辆，所有车辆都涂绘了新的迷彩和标志，以适应春夏作战的自然环境。上图是一幅该连回收分队部分官兵的合影，注意他们身后的半履带牵引车，车身侧面被绘以一个非常醒目的"髑髅"师师徽。下图是第9连官兵排队从野战炊事车上领取饭食，这辆炊事车也同样被施以迷彩。

※ 上图　在重新涂装后，党卫军第3装甲团第9连虎式坦克的车辆编号数字都用白色勾边，比如图中这辆连长乘坐的901号虎式坦克，尽管被伪装物遮挡，还是能够看到编号的白色边框。

※ 下图　在由罗曼乘火车前往蒂拉斯波尔途中，由于各种原因，党卫军第3装甲团第9连损失了全部坦克，失去坦克的该连官兵只好乘飞机前往贝尔格莱德，再从那里换乘火车返回德国，接收新坦克，图为第9连的士兵们在Ju90型运输机前等待登机。

第1章 武装党卫军第3装甲团第9连行动日志

※ 右图 1943年5月底,一批原计划交付"大德意志"师的虎式坦克被转交给党卫军第3装甲团第9连,照片中就是其中一辆,注意这辆坦克在车体后部安装了一个独特的木制火炮固定架。

※ 右图 1944年6、7月间,党卫军第3装甲团第9连陆续接收了新的虎式坦克,恢复作战能力。新抵达的坦克都是后期型,主要特征是新型指挥塔、钢缘负重轮以及防磁涂层。

※ 右图 1944年7月底,5辆修复的虎式坦克被配属于党卫军第3装甲团第9连,部署在华沙附近,当8月1日华沙起义爆发时,这些坦克也投入到镇压起义者的作战中,图为在华沙街头作战的一辆虎式坦克。

虎式坦克 全景战史

※ 左图 1944年8、9月间，党卫军第3装甲团第9连在波兰中部地区作战。图为该连913号虎式坦克的车组成员在某处集结地待命时的留影，这辆坦克的车长是维默尔下士。

※ 左图 这幅照片同样是第9连913号虎式坦克在波兰某地集结时的留影，可以很清晰地观察到坦克炮塔侧面的编号细节，这些编号被直接涂绘在防磁涂层上。

※ 左图 第9连913号虎式坦克的三位车组成员坐在坦克上合影，从照片中可见坦克周围用植被进行了伪装，以防被敌军空中侦察发觉。

第1章 武装党卫军第3装甲团第9连行动日志

※ 右图 1944年9月间,党卫军第3装甲团第9连的923号虎式坦克在某个波兰村庄内接受修理,图为几名维修排的士兵在923号坦克的炮塔旁合影。

※ 右图 1944年夏季,党卫军第3装甲团第9连902号虎式坦克的车长海姆布鲁克下士及其车组成员在一处密林中休整,同时对车载机枪进行保养,他们的座车就停在身后。

※ 右图 阅读信件是每一名德军士兵战地生活的重要部分,图为党卫军第3装甲团第9连911号虎式坦克的车组成员从连部传令兵那里得到渴望已久的信件,注意这辆坦克侧面用草帘作为伪装。

虎式坦克 全景战史

※ 上图及下图 这两幅照片拍摄于1944年秋季，党卫军第3装甲团第9连在华沙以北的森林地带行动期间，表现了该连912号虎式坦克在林中行进的情景，由于森林中缺乏道路，这辆坦克只好以其强壮的身躯压断前进路线上的树木，以开辟道路。

第1章　武装党卫军第3装甲团第9连行动日志

※ 上图　党卫军第3装甲团第9连912号虎式坦克于1944年秋季在波兰森林中一处战地维修厂修理时的照片，此时维修人员已经完成了对炮塔的检修，准备利用门式吊车将炮塔重新安装到车体上，可见炮塔顶部已经用钢缆和吊钩连接，而坦克将行驶到吊车下方。

※ 下图　这幅照片同样来自党卫军第3装甲团第9连的战地维修厂，反映了一辆虎式坦克更换主动轮的场面，可以观察到虎式坦克行走机构的细节特征。

虎式坦克 全景战史

※ 上图及下图　这两幅珍贵照片同样反映了党卫军第3装甲团第9连912号虎式坦克在波兰战地维修厂修理炮塔时的情景，从上图可以看到维修人员利用油桶和厚木板搭建了一个放置炮塔的台架，下图则是维修人员合力为912号坦克更换主炮炮管的场面。

第1章　武装党卫军第3装甲团第9连行动日志

※ 右图　党卫军第3装甲团第9连战地维修厂的门式吊车特写照片，在吊车下方是正在更换炮管的912号坦克炮塔，出于隐蔽目的，整个吊车都用大量树枝进行了严密的伪装，其细致程度不亚于对坦克本身的伪装。

※ 下图　党卫军第3装甲团第9连912号虎式坦克在完成修理后向森林边缘的待机阵地开进，并从阻挡前进的树木上直接碾压过去。

虎式坦克 全景战史

※ 本页组图 党卫军第3装甲团第9连的912号虎式坦克最后在树林中找到了一处非常隐蔽的埋伏地点，周围茂密的树林为坦克提供了非常良好的掩护屏障，它将在这里等待"猎物"进入陷阱。

第 2 章 武装党卫军第 101/501 重装甲营行动日志

党卫队总部于1942年12月24日发布命令,在武装党卫军部队序列中组建一个重装甲营,"警卫旗队"师和"帝国"师所属的重装甲连将被纳入该营,同时还根据一系列编制命令分别组建了重装甲营营部、营部连和维修连等单位;党卫军重装甲营的组建地在贝尔根的法林格博斯特尔训练场,其补充单位是驻魏玛—布痕瓦尔德(Weimar-Buchenwald)的党卫军第1装甲补充营,党卫军上尉拉克曼(Laackmann)担任首任营长。

1943年3月24日:党卫军装甲军接到党卫队总部的命令,派遣20个坦克车组前往帕德博恩,用于重装甲营的组建,其中15个车组将分配给该营的三个装甲连,3个车组配置于营部,2个车组作为预备人员。

1943年3月27日:党卫军"帝国"师和"髑髅"师按照命令各自派出6个车组前往帕德博恩,但"警卫旗队"师师长要求保留师属重装甲连,拒绝执行这项命令,于是党卫队总部转而从党卫军第1装甲补充营抽调人员补足缺额。

1943年4、5月:党卫军装甲军接收了15辆用于组建重装甲营的虎式坦克,并将其分配至三个连,但是原计划在"堡垒"行动中部署党卫军重装甲营的计划没有实现,三个党卫军装甲师都各自保留他们的师属重装甲连,实际上只有"警卫旗队"师所辖的重装甲连后来并入了这个新组建的营,该营番号为党卫军第101重装甲营。

党卫军第101重装甲营的组建命令是1943年7月19日发布的,该营归属党卫军第1装甲军建制,下辖三个连,其中两个连为新组建的,第三个连则由党卫军第1装甲团第13连并入,同时第13连维修排也将并入新组建的营属维修连。

党卫军第101重装甲营的作战行动

1943年7月19日：党卫军第101重装甲营在瑟内拉格训练场组建。

1943年8月5日：党卫军少校海因茨·冯·韦斯特哈根（Heinz von Westernhagen）被任命为第101营首任营长，但他当时正在医院养伤，缺席部队最初的训练。

1943年8月15日至25日：27辆新的虎式坦克，包括2辆指挥型交付第101营。

1943年8月23日至27日：正在组建的第101营被调往意大利维罗纳地区。

1943年8月30日至9月30日：第101营在雷焦地区继续组建工作。

1943年10月6日：党卫军第101重装甲营第3连开始组建。

1943年10月12日：第101营配属于"警卫旗队"师，在党卫军第1装甲团的协助下在蓬泰库罗内地区进行训练。

1943年10月27日：第101营派出一个分队前往马格德堡接收10辆虎式。

1943年10月28日：第101营第1连（连长党卫军上尉克林）及第2连（党卫军少尉文多夫）配属于"警卫旗队"师，这两个连在师建制内被重新整编为党卫军第1装甲团第13连，克林上尉继续担任连长。

1943年11月2日：10辆新虎式由铁路运往东线，在兰贝格调头驶向帕德博恩。

1943年11月3日至8日：第101营其他单位，包括营部、营部连（连长党卫军上尉默比乌斯Möbius）、第3连和维修连（欠一个排）则被调往奥古斯特多夫（Augustdorf）附近的训练场继续组训，该营的装备清单中还有几辆意大利制造的轮式车辆。

1943年11月5日至11日：党卫军第1装甲团第13连抵达东线，配属于第4装甲集团军，全连共有27辆虎式。

1943年11月8日至12月27日：第101营主要进行单兵战斗技能和坦克车组的基础训练，党卫军第1装甲掷弹兵补充训练营的120名士兵被充实到第101营建制内，被转运至帕德博恩的10辆虎式终于交付第101营。

1943年11月9日：党卫军中尉莱纳（Leiner）被指定为第101营代理营长，在冯·韦斯特哈根少校到任前指挥该营留在后方的单位，同日党卫军上尉施魏默特（Schweimert）被任命为第101营第3连连长。

1943年12月27日：第101营开始连排级战术训练，但因为缺少特种车辆，难以形成完全的战斗力。

1944年1月1日：党卫军第101重装甲营的全部兵力包括18名军官、83名军士和365名士兵，而满编状态下该营应有27名军官、153名军士和419名士兵，各级官兵

第2章 武装党卫军第101/501重装甲营行动日志

均严重缺编，仅装备10辆虎式，其中9辆具备作战能力。

1944年1月3日：第101营派遣一个分队前往马格德堡接收另外10辆虎式（含2辆指挥型）。

1944年1月9日：第101营奉命调往比利时蒙斯，因为火车车厢损坏，1辆虎式被暂时留在比利时边境，直到数日后才被运到驻地。

1944年1月9日至12日：第101营各部陆续进驻蒙斯附近的迈西埃尔斯训练场（Maisieres Training Area）。

1944年1月13日：第101营继续展开训练，该营第3连目前装备了18辆虎式，编成四个排，每排4辆坦克。

1944年2月12日：党卫军大将迪特里希观看了第101营第3连的野战演习。

1944年2月13日：营长冯·韦斯特哈根少校到任。

1944年3月20日：党卫军第1装甲团第13连的老兵们从东线战场返回并加入第101营，同时继续进行训练和改编。在第13连并入后，第101营再次组建了第1、2连，党卫军上尉默比乌斯担任第1连连长，党卫军中尉魏特曼担任第2连连长，原先的第3连第4排改为第1连第3排。

1944年4月3日至4日：第101营调往法国加莱（Calais）地区，应对盟军可能发动的登陆行动。

1944年4月20日：第101营装备的20辆虎式中有18辆具备作战能力，该营编制内余下的25辆虎式及其他辅助车辆也陆续送达。

1944年4月22日：党卫军第1装甲团第13连留在东线的最后一批人员从前线归来，归属第101营建制。

1944年4月30日：第101营的45辆虎式中有38辆具备作战能力。

1944年5月10日至17日：第101营在亚眠（Amiens）以东进行全营实弹演习，随后调回之前的集结地域继续训练。

1944年6月1日：第101营当日可用兵力为37辆虎式坦克。

1944年6月7日：盟军在诺曼底登陆后，第101营得到警报，沿D316号公路经古尔奈昂布赖（Gourn ay-en-Bray）和莫尔伊（Morgny）前往圣让·德·弗罗内尔（St. Jean de Fronelles）附近的十字路口，在途经莫尔伊时第101营第1连遭盟军战斗轰炸机袭击，随后继续沿N14号公路前往巴黎，穿过凯旋门抵达凡尔赛（Versailles）。第101营第2连及维修连均在凡尔赛附近遭遇空袭。

1944年6月8日：第101营第1连和第2连继续经韦尔讷伊（Verneul）、莱格勒（L'Aigle）前往战区，第1连经维穆捷（Vimoutiers）开往卡昂（Caen）以南地区，第2

连经阿让唐（Argentan）前往法莱斯（Falaise），第3连返回巴黎，并在次日单独向西运动，各连在机动过程中频繁遭遇盟军空袭。

1944年6月9日：鉴于盟军严重的空中威胁，第101营在随后数日里昼伏夜出，仅在夜间行军转移。

1944年6月10日：第101营第2连在阿让唐遭战斗机扫射，不久又在奥卡尼斯（Occagnes）受到空袭，党卫军下士瓦姆布伦（Warmbrunn）使用高射机枪击落1架敌机，第2连于当晚抵达法莱斯。

1944年6月12日：当天夜间，第101营各连在克服空袭、机械故障等各种困难后终于抵达预定的集结地，第101营第1连（8辆虎式）在维莱博卡日（Villers-Bocage）东北8公里外的N175公路上集结，第101营第2连（6辆虎式）在维莱博卡日东北2公里的蒙布克（Montbrocq）以南的小路上待命，全营受命掩护党卫第1装甲军的左翼，由于盟军舰炮的持续轰击，第101营的官兵们无法休息。

1944年6月13日：当天上午，第101营第2连的6辆虎式（1辆履带损坏）在维莱博卡日东北的213高地集结，正位于维莱博卡日至卡昂公路的南侧。英军第22装甲旅一部抵达213高地附近并停止前进，当时英军车辆沿公路排成长队，没有进行战斗部署，这支部队试图在德军第352步兵师和装甲教导师之间打开一个缺口。

第2连连长魏特曼中尉决定亲自进行敌前侦察，并与英军第4志愿骑兵团的一个中队及第1来复枪旅第1营相遇，英军部队都毫无戒备。当时魏特曼由于座车出现故障，临时借用党卫军下士索瓦（Sowa）的222号虎式，他在抵达213高地后首先击毁了1辆"克伦威尔"和1辆"萤火虫"坦克。随后，魏特曼指挥坦克沿着与公路平行的方向向维莱博卡日进发，在近距离与敌军擦身而过，随即占据有利射击位置，从侧翼对英军车队展开屠杀，摧毁了第1来复枪旅第1营的主力，包括13辆M3型半履带装甲车、3辆"斯图尔特"轻型坦克、2辆"谢尔曼"炮兵观测坦克、旅部情报官的侦察车、旅医疗队的M3型救护车和超过12辆轻型装甲运兵车。

魏特曼在城镇外围击毁了第4伦敦志愿骑兵团团部所属4辆"克伦威尔"坦克中的3辆，随后大胆地单车杀入维莱博卡日，而最后一辆"克伦威尔"则跟随其后，试图从后面攻击这辆胆大妄为的虎式。魏特曼在城镇中遭遇了第22装甲旅B连的坦克，其中包括一辆"萤火虫"，他急忙指挥坦克沿原路撤退，与那辆追击的"克伦威尔"相遇，尽管后者在50米距离上连射两发穿甲弹，均未击穿虎式的正面装甲，反而被虎式击毁。魏特曼指挥坦克又行进了数百米，遭到反坦克炮射击，左侧主动轮损坏，丧失行动能力，车组成员只能弃车撤退，徒步潜行穿越战线，抵达奥布瓦-塞尔蒙托（Orbois-Sermentot）的装甲教导师防区，该师的15辆Ⅳ号坦克正准备对维莱博卡日实

第 2 章　武装党卫军第 101/501 重装甲营行动日志

施正面进攻。第101营第2连的其余虎式在维莱博卡日以东占据了射击位置，击毁了更多的英军坦克，索瓦下士报销了至少2辆"克伦威尔"，党卫军上士勃兰特（Brandt）也收获了3辆"谢尔曼"，迫使约230名英军士兵弃械投降。

第101营第1连的8辆虎式在连长默比乌斯上尉指挥下于上午8时沿N175公路向维莱博卡日进攻，摧毁了部署在城镇北面远端的5辆"克伦威尔"。装甲教导师的数辆Ⅳ号坦克也从帕尔富吕－苏拉－奥东（Parfouru-sur-Odon）方向参加了战斗，其中2辆虎式和1辆Ⅳ号沿主要公路推进，它们很快遭到第22旅B连的攻击，担任后卫的由党卫军上士恩斯特（Ernst）指挥的112号虎式被一辆"萤火虫"坦克击毁，炮弹穿过一栋建筑物的两扇窗户命中了虎式；1辆Ⅳ号坦克在转移阵地时也被英军反坦克炮击中，而处于先头位置的由卢卡修斯（Lukasius）中尉指挥的121号虎式则被"萤火虫"从后方击中，后来这些德军坦克均被英军引火焚毁。

至少5辆虎式沿公路向南推进，在吕埃米尔特萨姆森（Rue Emile Samson），1辆虎式被反坦克炮击毁，至少2辆虎式中弹失去行动能力，党卫军下士文特（Wendt）的132号虎式留在城镇外围警戒，在夜间又转移至213高地的防御阵地内。第101营第1连的4辆虎式部署在维莱博卡日南面的阵地里，而第2连的坦克在与N175号公路平行的一条乡间道路上重新集结。第101营第3连在当天抵达法莱斯。

6月13日的战斗就是装甲战史上著名的维莱博卡日之战，也是党卫军第101重装甲营和魏特曼本人最为知名的战斗，更是虎式坦克的神话之战。当天，第101营第1连有3辆虎式被击毁，3名车长和7名车组成员阵亡，英军的损失是26辆坦克、14辆M3型装甲车和16辆轻型装甲运兵车，其中大部分是魏特曼的战果，他在这场战斗中表现的果断和机智决定了当日战局的走向，并且因此获得了双剑饰的提名。第101营保有坦克数量降至42辆。

1944年6月14日：第101营第1连向维莱博卡日和卡阿涅（Cahagne）实施突击，但被盟军密集的阻拦炮火所阻。

1944年6月15日：第101营第3连抵达埃夫雷西（Evrecy）附近的集结地，夜间该连驻地遭到盟军猛烈空袭，几乎所有坦克都丧失了作战能力，4辆虎式损毁，党卫军少尉京特（Günther）的坦克和另一辆虎式被完全烧毁，1辆虎式为了躲避空袭而侧翻到路沟内，造成车组成员死亡，连长座车的炮塔被炸飞。全连共有18人死亡、11人受伤，此外轰炸还造成138名平民丧生，第101营保有坦克数量降至38辆。当天上午，第1连的4辆虎式冲入试图撤退的英军纵队中，击毁了5辆坦克，但文特下士的132号虎式也被击毁，车组成员弃车，第101营保有坦克数量又降至37辆。

1944年6月16日：第101营第1连的5辆虎式在卡涅阿附近发起反击，第1排排长党卫军中尉菲利普森（Philipsen）指挥111号坦克引领进攻，被英军反坦克炮击中起火，菲利普森在弃车撤退时中弹身亡。第101营保有坦克数量降至36辆。

1944年6月18日：第101营在卡昂至维莱博卡日公路两侧作为预备队待命，同时对坦克进行了紧急维修。

1944年6月18日：魏特曼中尉获颁双剑饰并晋升党卫军上尉，他于6月29日前往贝希特斯加登（Berchtesgaden）接受嘉奖。

1944年6月21日：第101营营长冯·韦斯特哈根晋升党卫军中校。

1944年6月23日：第101营第3连的数辆虎式在党卫军少尉阿姆泽尔鲁贝尔（Amselgruber）指挥下沿高速公路部署，击退了正在推进的英军部队，击毁了5辆坦克。

1944年6月24日：党卫军下士瓦内克（Wanecke）的332号虎式在当日战斗中击毁了7辆坦克，但第101营有2辆坦克受损严重，无法修复而报废，全营保有坦克数量降至34辆。

1944年6月26日：英军发动"赛马场"行动（Operation Epsom），在泰斯尔（Tessel）和劳拉伊（Rauray）附近的林地形成突破，但是第101营第3连阻止了英军的进一步行动。阿姆泽尔鲁贝尔少尉指挥的2辆虎式在格兰维尔（Grainville）附近击毁了3辆英军坦克，迫使步兵停止前进，另有1辆虎式在穆恩（Mouen）附近单车击毁了英军第23轻骑兵团的数辆坦克。德军趁此机会重新建立的防线。第101营当天有18辆虎式可以作战。

1944年6月27日：在一次侦察行动中，党卫军下士瓦姆布伦的坦克被反坦克炮击毁，第101营保有坦克数量降至33辆，当天该营18辆可以作战的虎式被分散部署在整条战线上。

1944年6月28日：在格兰维尔阻止英军装甲部队突击的努力最终还是失败了，阿姆泽尔鲁贝尔少尉的331号虎式在击毁了2辆"谢尔曼"后中弹损毁，少尉本人腿部严重受伤，但仍然坚持和士兵们继续战斗；第1连连长默比乌斯的座车击毁了6辆敌军坦克，最后也被摧毁，还有1辆虎式在拉特里（Rattray）被击毁。第101营剩余的虎式封锁了英军前往韦尔松（Verson）和112高地的道路，该营保有坦克数量降至30辆。

1944年6月29日：当天下午，德军向112高地附近实施反击。

1944年6月30日：112高地失守，但德军随即逆袭收复。

1944年7月1日：第101营当日可用兵力为11辆虎式坦克。从7月1日至12日，第101营具备作战能力的坦克部署在马尔特（Maltot）以西地区，各连的实力如下：第1连7辆坦克，第2连8辆坦克，第3连10辆坦克，另外营部还有3辆坦克。

第2章 武装党卫军第101/501重装甲营行动日志

1944年7月2日：第101营第2连连长文多夫中尉抵达连队驻地，他的205号座车在112号高地附近被击伤，后来回收修复。

1944年7月3日：第101营第1连将最后3辆虎式移交给第3连，返回帕德博恩换装虎Ⅱ坦克。

1944年7月5日：第101营的所有坦克都无法作战。

1944年7月7日：第101营的30辆虎式坦克中没有一辆可以作战，有2辆无法修复报废，全营保有坦克数量降至28辆。

1944年7月8日：经过维修，第101营当天有21辆虎式坦克恢复作战能力。

1944年7月9日：第101营当日可用兵力为19辆虎式坦克。

1944年7月10日：第101营从圣马丁（St. Martin）向巴龙（Baron）突击，全营有15辆坦克可以作战。

1944年7月11日：第101营当日可用兵力为13辆虎式坦克，在马尔特和埃泰维尔（Eterville）附近展开行动。

1944年7月12日：第101营当日可用兵力为13辆虎式坦克，继续在马尔特和埃泰维尔地区作战。

1944年7月13日：第101营转移至格兰维尔地区，营长冯·韦斯特哈根中校在连日战斗中完全精疲力竭，被第1装甲军军长迪特里希大将强令前往后方休养，刚刚接受双剑饰返回部队的魏特曼上尉接过了全营的指挥权。

1944年7月14日：文多夫中尉指挥5辆虎式对梅托（Maitot）发起反击，击毁3辆"克伦威尔"，1辆虎式受损。

1944年7月15日：第101营可以作战的坦克数量是20辆。

1944年7月16日：第101营可以作战的坦克数量是19辆。

1944年7月17日：瓦姆布伦下士的虎式坦克在战斗中击毁了3辆敌军坦克。

1944年7月18日：英军发动"古德伍德"行动（Operation Goodwood），第101营的虎式坦克在布尔格布斯（Bourguebus）附近集结，向于贝尔－福利（Hubert-Folie）以西和甘盖特（Guinguette）以北地区展开反击，击毁数辆英军坦克，在索伯斯（Sobers）南部，英军第5皇家坦克团的一辆"萤火虫"从一座干草堆后方开火，击毁了1辆虎式，第101营保有坦克数量降至27辆。

1944年7月19日：第101营尚能作战的虎式坦克分散行动，第3连连长的座车遭友军反坦克炮误击损毁，连长阵亡。该营保有坦克数量降至26辆，营部维修主任党卫军上尉霍伊希（Heurich）在希舍布耶（Chichebouille）附近接任第3连连长。

1944年7月20日：第101营第2连的一辆虎式被击毁，全营保有坦克数量降至25

辆，第3连部署在费尔梅博瓦尔（Ferme Beauvoir）附近。

1944年7月21日：第101营当日可用兵力为6辆虎式坦克。

1944年7月22日：第101营当日可用兵力为7辆虎式坦克，在费尔梅博瓦尔重建防线。

1944年7月23日：第101营当日可用兵力为10辆虎式坦克。

1944年7月24日：第101营的14辆虎式被配属于温舍战斗群（Kampfgruppe Wünsch），部署在伊蒙特（Imont）南面，第3连的6辆坦克部署在加塞拉尔斯（Garcelles）和塞凯维尔（Sequeville）附近。

1944年7月25日：第101营当日可用兵力为14辆虎式坦克。

1944年7月26日：当日上午，第101营的4辆虎式被部署到前线，抵抗英军第1皇家坦克团的进攻。

1944年7月27日：第101营当日可用兵力为14辆虎式坦克。

1944年7月28日：第101营当日可用兵力为20辆虎式坦克。

1944年7月29日：第101营当日可用兵力为21辆虎式坦克。

1944年7月30日：第101营当日可用兵力为20辆虎式坦克。

1944年7月31日：第101营当日可用兵力为19辆虎式坦克。

1944年8月1日：第101营当日可用兵力为20辆虎式坦克。文多夫中尉指挥第101营第2连在格里姆斯克（Grimsbosq）附近展开行动，营部的坦克和第3连沿N158号公路部署，根据党卫军第1装甲军月度兵力报告，第101营的实力为第2连和第3连各有10辆坦克，营部直辖5辆坦克。

1944年8月2日：第101营当日可用兵力为19辆虎式坦克。

1944年8月3日：第101营当日可用兵力为20辆虎式坦克，在圣西尔万（St. Sylvain）和桑托（Cintheaux）之间执行防御任务。

1944年8月4日：第101营当日可用兵力为20辆虎式坦克。

1944年8月7日：第101营第2连被配属于党卫军第12"希特勒青年团"装甲师，支援后者防御英军在格里姆斯克附近发动的新攻势。全营当日有21辆虎式坦克可以作战，格里姆斯克和布里厄（Brieux）被占领，10辆可以作战的虎式坦克作为军预备队在卡昂以南待命。

1944年8月8日：大规模的炮击阻止了第101营第2连的进攻步伐，党卫军中尉文特的坦克被击伤，随后被回收，尚能作战的虎式坦克部署在波蒂尼（Potigny）附近的阵地中，封锁了莱兹—莱索恩（Laize-Laison）附近的瓶颈地带。党卫军第12装甲团第2营的39辆Ⅳ号坦克，党卫军第12坦克歼击车营第1连的10辆Ⅳ号歼击车和第

第2章 武装党卫军第101/501重装甲营行动日志

101营的10辆虎式共同组成了瓦尔德米勒战斗群（Kampfgruppe Waldmüller），在雷特维尔－拉贝（Retteville-Rabet）附近集结，准备对加拿大第2军发起反击。

魏特曼乘坐营部的007号坦克与其他6辆虎式坦克一道作为前锋部队沿N158号公路向北开进，在击毁了数辆加拿大军队的"谢尔曼"后，虎式坦克群落入第1北安普敦志愿骑兵团A连第3排的伏击圈。该排在戈姆尼尔（Gaumesnil）外围向德军坦克的侧翼展开射击，该排唯一的"萤火虫"一举摧毁了5辆虎式，其中包括魏特曼的座车，全体车组成员阵亡；与此同时，在距离此地以北约1500米处，第2连的1辆虎式被德军遗弃。

第101营的3辆虎式在圣艾尼昂（St.Aignan）以东阻止了波兰第1装甲师的推进，击毁7辆坦克，214号虎式在布瓦迪魁奈（Bois du Quesnay）附近被击毁，当天第101营总计损失了7辆虎式，保有坦克数量降至18辆。

1944年8月9日：第101营当日可用兵力为8辆虎式坦克。当天上午，加拿大第28装甲团从桑托南部地区向布雷特维尔（Bretteville）方向进攻时，在埃斯特雷－拉康帕涅（Estrees-la-Campagne）附近被得到虎式坦克加强的温舍战斗群打得大败，44辆"谢尔曼"、2辆"斯图尔特"和1辆"十字军"被击毁，阵亡者中包括第28装甲团团长和两位连长。

1944年8月10日：第101营当日可用兵力为17辆虎式坦克，加拿大军队卷土重来，第101营第3连的数辆虎式击退了这次进攻，又击毁了多达38辆坦克。

1944年8月11日：第101营当日可用兵力为11辆虎式坦克，作为军预备队在魁奈（Quesnay）南部地区集中，第101营第2连部署在莱桑（Laison）以北地区。

1944年8月12日：第101营第2连的3辆虎式在中午之前击毁了7辆加拿大坦克，在夜幕降临之前，德军向盟军战线实施反击，以减轻防御压力，这次突袭令正在加油的盟军坦克部队猝不及防，遭到全歼。

1944年8月13日：夜间，第101营第2连的6辆虎式被调往阿西（Assy）西南方的一座果园内。

1944年8月14日：当天上午，第2连连长文多夫中尉的虎式奉命从阿西前往迈齐埃（Maizieres），支援第85步兵师作战，但在途中遭到2辆"谢尔曼"的奇袭，文多夫设法击毁了其中一辆，但被另一辆"谢尔曼"击中，虎式起火燃烧，车长和装填手阵亡，无线电员被困在燃烧的残骸中无法脱身，开枪自杀。第101营保有的坦克数量降至17辆。党卫军上士布兰德（Brand）接过了全连的指挥权，在莱泽恩河（Laizon River）畔的鲁弗尔斯（Rouvres）附近攻击了正试图渡河的加拿大第6装甲团第1轻骑兵营，击毁了19辆坦克。

1944年8月15日：布兰德上士的虎式和另一辆虎式部署在160高地以东连接卡昂和法莱斯的公路上，盟军部队对伴随步兵发起突袭，从侧翼包抄这个小战斗群，2辆虎式奋力应战，在击毁了12辆坦克后，布兰德的坦克拖曳被击伤的僚车成功突围。第101营第3连的6辆虎式在霍伊希上尉指挥下防御180高地东南的阵地，击毁数辆坦克。

1944年8月16日：第101营第3连的1辆受损坦克由于无法在鲁昂（Rouen）附近渡过塞纳河（Seine River）而被乘员自行烧毁，它曾于8月9日在桑托附近被击伤了引擎。第101营保有坦克数量降至16辆。

1944年8月17日：第101营剩余的坦克在拉拜（L'Abbaye）附近集结，营属防空排击落了一架"喷火"战斗机，但在维穆捷和厄尔贝（Orbec）之间的公路上遭到歼灭。

1944年8月18日：第101营的1辆虎式履带损坏，被遗弃在利瓦罗（Livarot），该营保有坦克数量降至15辆。

1944年8月19日：第101营的2辆虎式支援第3伞兵师从法莱斯包围圈突围，配属于奥伊伯特战斗群（Kampfgruppe Oiboeter）的另外2辆虎式击毁了8辆坦克，打开一条通道，1辆虎式在圣阿尔贝（St Albert）附近突击时被盟军步兵在近战中摧毁，但3辆虎式阻挡了英军的推进。第101营保有坦克数量降至14辆。

1944年8月20日：第101营的6辆虎式与"希特勒青年团"师残部部署在利雪（Lisieux）以南。

1944年8月23日：第101营第2连坚守弗农（Vernon）以西地区。

1944年8月24日：第101营的1辆虎式在蒙福尔-叙-里斯勒（Montfort-sur-Risle）以南8公里处被一辆M10坦克歼击车击毁，全营保有坦克数量降至13辆。

1944年8月25日：第101营第2连和第3连的约10辆虎式抵达塞纳河畔，2辆虎式在主动轮或引擎损坏后被迫炸毁，其中包括瓦内克下士的座车。第3连连长在执行侦察任务时被美军俘虏，全营保有坦克数量降至11辆。数辆虎式在鲁昂和埃尔伯夫（Elbeuf）乘坐渡船渡过塞纳河，向松容（Songeons）撤退，但有3辆虎式在途中被迫丢弃，第101营保有坦克数量进一步降至8辆。

1944年8月27日：第101营的3辆虎式与第49步兵师的施雷德战斗群（Kampfgruppe Schräder）一道沿着蒂伊（Tilly）和韦尔农特（Vernonet）之间的道路转移，位于车队最前方的221号虎式在一处弯道遭到一门英军6磅反坦克炮的攻击，这门炮使用新型的次口径穿甲弹在近距离击毁了这辆虎式，使其起火并彻底损毁。不久，第二辆虎式绕开残骸摧毁了这门属于英军第1伍斯特郡步兵团D连的反坦克炮，并且打垮了这个连，迫其溃退而去，由于德军步兵未能跟进，这辆虎式也撤退了，但

第 2 章　武装党卫军第 101/501 重装甲营行动日志

在后来被遗弃了，第101营保有坦克数量降至6辆。

1944年8月28日：第101营第2连的2辆虎式在勃兰特上士指挥下向韦尔农桥头堡发起反击，击毁2门反坦克炮。

1944年8月29日：勃兰特上士的2辆虎式继续掩护德军主力部队的撤退行动，消灭了一个步兵营，1辆原属于施雷德战斗群的虎式在蒂伊南部被击毁，该营保有坦克数量降至5辆。

1944年8月30日：第101营的2辆虎式在罗祖瓦（Rozoy）东北7公里的布吕讷阿梅勒（Brunehamel）执行阻击任务，从上午坚持到傍晚，击毁了8辆坦克，最后由于缺乏油料而被迫炸毁。第3连的1辆虎式在行军途中在圣康坦（St. Quentin）休息时被一辆美军"谢尔曼"坦克奇袭得手，中弹起火焚毁，还有1辆虎式在玛丽村（Marie）被遗弃，最后一辆虎式在莫伯日（Maubeuge）以北的布瓦布尔东（Bois Bourdon）附近被遗弃，至此第101重装甲营损失了全部坦克。

第101重装甲营第1连换装虎 II 后的作战行动

第101营第1连于7月初从前线返回德国换装虎 II 坦克，随后也返回诺曼底前线。

1944年7月4日：第101营第1连将最后3辆虎式移交第3连。

1944年7月5日：第1连官兵乘车返回巴黎，再由那里前往斯特拉斯堡（Strasbourg）。

1944年7月9日：第1连抵达帕德博恩，进行换装训练。

1944年7月12日至19日：车长和驾驶员前往卡塞尔的亨舍尔工厂接受技术培训。

1944年7月28日至8月1日：14辆虎 II 坦克运抵瑟内拉格训练场，交付第1连。

1944年8月5日：第1连在瑟内拉格登车重返西线。

1944年8月18日：第1连在巴黎东北约30公里处卸车。

1944年8月20日：第1连转移至巴黎西北郊。

1944年8月23日：当天6时，第1连的4辆虎 II 奉命支援第33、36空军野战团在吉特昂库尔（Guitrancourt）附近实施反击，2辆坦克沿着N190号公路向南面的伊苏（Issou）进攻，之后又转向利迈（Limay），夺取波尔什维尔（Porcheville），击毁1辆M4坦克。不久1辆虎 II 被美军第749坦克歼击车营击毁，另外2辆虎 II 向梅利尔（Melier）进攻，1辆被反坦克炮击毁，第1连保有坦克数量降至12辆。

1944年8月25日：第1连在圣苏普莱斯（St.Souplettes）地区遭遇空袭，数人伤亡，陆军第503重装甲营的2辆波尔舍炮塔型虎 II 被移交该连，使其坦克数量恢复到14辆。

1944年8月26日：第1连奉命支援第18空军野战师在萨伊（Sailly）以西发起反击，目标是美军第79步兵师在利迈附近建立的桥头堡阵地。德军穿过韦克桑（Vexin）在德拉蒙特卡西恩特河谷（De la Montcient Valley）集结，于下午4时30分发起攻击，两个空军野战营经蒙日吉森（Montgison）向目标挺进，第1连第1排的虎Ⅱ坦克经迈松朗什（Maison Blanche）推进至迪梅尼尔堡（Du Mesnil Castle）附近，第3排沿着蒙日吉森、丰特奈（Fontenay）和圣佩雷（St.Pere）之间的公路推进，第2排沿着公路向默朗（Meulan）前进。该排的1辆波尔舍型虎Ⅱ在默朗外围约200米处被多次击中，被迫弃车，伴随的步兵也伤亡惨重，被迫后撤。德军在傍晚时分重新组织进攻，党卫军少尉施塔姆（Stamm）的坦克试图越过D913号公路的壕沟时侧面被反坦克炮击中，车长阵亡。在布瓦克莱尔（Bois Claire）附近，虎Ⅱ坦克击毁了一辆M4坦克，向东北方向推进时124号虎Ⅱ在公路上遭到盟军战斗轰炸机的攻击，被两枚近失弹炸翻。第1连保有坦克数量降至11辆。

1944年8月28日：第1连的数辆虎Ⅱ从萨伊向蒙日吉森进攻，先头坦克在被多次命中后彻底损毁，党卫军军士长希贝勒（Hibbeler）的坦克在撤往萨伊以东时被击中两次，被迫弃车，第1连保有坦克数量降至9辆。

1944年8月29日：第1连连长默比乌斯上尉指挥全连参加了空军野战师对马尼昂韦克桑（Magny-en-Vexin）以西盟军部队的反击行动，遭到进攻路线右侧一个未被侦察发现的反坦克阵地的伏击，数辆坦克中弹失去行动能力，2辆坦克无法回收，只能炸毁。党卫军上士弗朗茨（Franz）的104号坦克在马尼昂韦克桑以西与一群"谢尔曼"坦克遭遇，履带轻微受损，当它试图驶向一座农舍寻找隐蔽时主动轮破损，丧失机动能力，最后只能由车组成员自行爆破。坦克兵们在徒步撤退时又遭到法国抵抗组织成员的袭击，两人阵亡。英军第23轻骑兵团A连的罗伯茨（Roberts）中士向这辆已被遗弃的虎Ⅱ开火，并上报为自己的"击毁"战果。这辆虎Ⅱ的残骸后来被运回英国，在博物馆中展出。第1连在当天损失3辆虎Ⅱ，全连保有坦克数量降至6辆。

1944年8月30日：111号虎Ⅱ在通往吉索斯（Gissors）的D981号公路上被英军的"谢尔曼"坦克击毁。第1连保有坦克数量降至5辆。

1944年8月31日：第1连在拉梅古（Lamecourt）附近展开行动。

1944年9月2日：当晚，第1连的113号虎Ⅱ因燃料耗尽被遗弃在热马普（Jemappes），第1连保有坦克数量降至4辆。

1944年9月3日：2辆虎Ⅱ在布吕讷阿梅勒击毁了数辆美军坦克，迫使美军撤退。

1944年9月4日：默比乌斯上尉带领2辆虎Ⅱ撤至马斯河畔的于伊（Huy），因坦克无法过河而被就地炸毁，第1连仅剩2辆虎Ⅱ。

第2章　武装党卫军第101/501重装甲营行动日志

1944年9月5日：党卫军上士萨内尔（Zahner）的121号虎Ⅱ因缺乏燃油被丢弃在拉卡佩勒（La Capelle）附近的公路上，车组成员破坏了武器并在引擎上安放了炸药后才离开。后来美军将这辆挡住道路的坦克推翻在路边，现在其残骸仍在博物馆中展出。

第101营第1连的虎Ⅱ坦克仅有一辆从诺曼底战役中幸存，后来在锡格堡（Siegburg）被装上火车，转运至奥古斯特多夫，交给党卫军装甲补充营使用。而在整个诺曼底战役中，第101重装甲营总共损失了45辆虎Ⅰ和15辆虎Ⅱ，超过300名官兵阵亡或失踪，但是他们的强悍战斗力给盟军造成了严重损失。

党卫军第501重装甲营的作战行动

1944年9月10日至17日：党卫军第101重装甲营残部在迪伦（Düren）集结。

1944年9月18日：第101营转移至梅舍德（Meschede）地区。

1944年9月22日：第101营的隶属关系由西线装甲集群转移到第6装甲集团军，同时也终止了该营与党卫军第1装甲军的隶属关系，番号改为党卫军第501重装甲营。全营官兵转移至比勒菲尔德（Bielefeld）地区，默比乌斯上尉暂代营长职务，直至营长康复归队。

1944年9月23日至11月30日：第501营在比勒菲尔德西南地区重整，营部及营部连驻施洛斯霍尔特（Schloss Holte），第1连驻厄灵豪森（Oerlinghausen），第2连驻埃卡德海姆（Eckardsheim），第3连驻费尔（Verl），供给连驻威廉斯多夫（Wilhelmsdorf），维修连驻施图肯布罗克（Stukenbrock）。

1944年10月17日：4辆虎Ⅱ交付第501营。

1944年10月18日：6辆虎Ⅱ交付第501营。

1944年11月12日：第501营在森讷训练场（Senne Training Area）接收了14辆虎Ⅱ。

1944年11月14日：第501营营部军医党卫军上尉卡贝（Kabe）因为在战斗中的英勇表现而被授予金质德意志十字奖章。

1944年11月17日：第501营被暂时编入党卫军第1装甲团，作为该团第2营。

1944年11月21日：营长冯·韦斯特哈根中校结束休养返回部队，默比乌斯上尉则出任第501营第2连连长，党卫军上尉韦塞尔（Wessel）担任第1连连长，党卫军上尉比尔恩沙因（Birnschein）担任第3连连长。

1944年11月26日：第501营又接收了10辆虎Ⅱ。

1944年11月30日：根据第九军区的命令，第501营又组建了一个装甲防空排。

1944年12月2日：第501营接到出发命令，在居特斯洛（Gütersloh）、阿塞米森（Arsemissen）、布拉克韦德（Brackwede）和施洛斯霍尔特等地分别登上火车，准备开赴前线，在出发前，陆军第509重装甲营将11辆虎Ⅱ移交该营，使其达到满编状态。第501营乘火车抵达明斯特雷费尔（Münstreifel）、青斯海姆（Zingsheim）、通多夫（Tondorf）地区，准备参加阿登攻势。

1944年12月5日：第501营在曲尔皮希—奥伊斯基兴（Zülpich-Euskirchen）卸车，并在城镇南面建立营地。

1944年12月9日：第501营的最后一批人员装备在利布劳（Liblau）和奥伊斯基兴卸车。

1944年12月13日：第501营在夜间秘密进入青斯海姆至恩格尔高（Engelgau）公路两侧的集结地域，营部设在通多夫。

1944年12月14日：第501营奉命配属党卫军第1装甲团，主要军官前往团部了解作战计划和受领任务。

1944年12月15日：作战命令和相关任务在团营两级指挥机构中传达。

1944年12月16日：由于进攻时间推迟，第501营随派普战斗群的后卫部队出发，其间多次暂停前进。

1944年12月17日：当日上午9时，第501营沿R421号公路开进，抵达洛斯海姆尔格拉本（Los heimergraben）方向与R625号公路的交叉路口，随后在中午时分穿过洪斯费尔德（Honsfeld），途经比伊林根（Büllingen）时遭到盟军第9战术空军司令部的11架P-47战斗机的攻击，1辆虎Ⅱ被击伤失去行动能力，后于12月25日遗弃。由于路况很差，数辆坦克的行走机构出现故障。第501营经朔彭（Schoppen）、费蒙维尔（Faymonville）、翁登瓦勒（Ondenval）向特里蒙特（Tliirimont）前进，直至傍晚时分，部分坦克为了避开严重损坏的公路，取道黑彭巴赫（Heppenbach）、博恩（Born）、凯撒巴拉克（Kaiserbarracke）向恩格斯多夫（Engelsdorf）进发。

1944年12月18日：当天上午，担任先锋部队的第501营第2连抵达博恩茨（Baugnez）的十字路口，并在黄昏时分穿过恩格斯多夫（Engelsdorf）。在中午，第501营第2、3连及营部单位经过了斯塔沃洛（Stavelot），并参加了对肖夫海德（Chauveheid）的进攻，下午，第1连的4辆虎Ⅱ在经过斯塔沃洛的一座横跨昂布韦河（Ambleve River）的大桥时遭到盟军战斗轰炸机的攻击。连长乘坐的105号坦克在斯塔沃洛还遭到美军第526步兵团的2门反坦克炮的攻击，被迫后撤，匆忙间卡在一栋建筑物内无法移动，只好弃车。韦塞尔上尉随后换乘党卫军上士弗兰策尔（Franzel）的坦克继续向特鲁瓦蓬（Trois Ponts）前进。

第2章 武装党卫军第101/501重装甲营行动日志

第501营主力暂时停留在斯塔沃洛，先头部队抵达特鲁瓦蓬后发现当地的桥梁已经被破坏，于是另寻道路，绕道库（Coo）和拉格莱兹（La Gleize）。332号虎Ⅱ因为机械故障被遗弃在特鲁瓦蓬至拉格莱兹公路上的一个路口处，而在特鲁瓦蓬附近，008号虎Ⅱ也因为故障被丢弃在圣安托瓦内（St. Antoine）的一座农舍内，车组成员对其进行了破坏，使其丧失作战能力。

在探明道路后，第501营继续向舍诺（Cheneux）行军，由于天气好转，途中多次遭到美军战斗机的袭击。德军部队经巴尔德（Balder）到达利嫩河（Lienne River）畔的诺伊希（Neucy），美军在德军坦克接近时炸毁了河上的桥梁，先头部队与美军第199步兵师在奥夫尼（Oufni）进行了短暂交火，在损失了数辆轮式装甲车后撤回拉格莱兹。由于缺乏油料，第501营有数辆坦克被抽空油箱后由其他车辆拖曳前行。当日尽管没有经历激烈战斗，第501营仍然丢弃了2辆坦克，全营保有坦克数量降至43辆。

1944年12月19日：132、133号虎Ⅱ奉命从斯塔沃洛出发向特鲁瓦蓬前进，并配属于党卫军第1装甲侦察营，后者当时的位置在科雷诺（Coreux），它们参与了另一次对斯塔沃洛不成功的进攻。随后，这两辆坦克负责营部的警戒任务。

与此同时，派普战斗群集中兵力突击斯图蒙特（Stoumont），并将第501营的虎Ⅱ留在拉格莱兹侧翼，104号虎Ⅱ在拉格莱兹外围遭遇一支美军坦克部队，在交战中击毁1辆"谢尔曼"，但自身也被击中失去行动能力。索瓦上士的222号虎Ⅱ在试图冲上斯塔沃洛的桥梁时被击毁在大桥前方，车组成员弃车。第3连的2辆虎Ⅱ被部署在斯塔沃洛外围的高地上，均被美军第823坦克歼击车营击伤，其中1辆炮塔中弹，但它也击毁了河流对岸的一辆美军坦克歼击车，这两辆坦克后来都被德军回收。当日第501营损失坦克一辆，保有坦克数量降至42辆。

1944年12月20日：第501营击退了美军对拉格莱兹的数次攻击。美军第33装甲团第2营的一支特遣队从罗阿讷（Roanne）向N33公路的路口推进，越过了德军的一处阻击阵地，当时阵地上部署着由党卫军少尉汉德图施（Handtusch）指挥的1辆虎Ⅱ，党卫军上尉克林格尔赫弗（Klingelhöfer）指挥的1辆Ⅳ号坦克以及3辆"美洲豹"装甲车，负责在穆兰拉马什（Moulin Marechel）警戒，阻止美军接近特鲁瓦蓬；但是不知出于什么原因，在美军从距离虎Ⅱ坦克仅600米处通过时，居然没有开火。事后汉德图施少尉因此受到指控，而美军的这次突破恶化了派普战斗群本来就很糟糕的局势。

一辆虎Ⅱ奉命支援党卫军第1装甲掷弹兵团第2营，试图在特鲁瓦蓬附近渡过萨尔姆河（Salm River），但被美军第505伞兵团迫击炮发射的一枚白磷弹击中后被迫撤退。文特上士的133号虎Ⅱ再次支援党卫军第1装甲侦察营第2连对斯塔沃洛外围的突击，依然无功而返。在当天中午，勃兰特上士的132号虎Ⅱ支援己方反坦克炮分队在珀蒂斯帕（Petit Spa）击退了美军的一次坦克突击，击毁一辆坦克。

1944年12月21日：德军被迫退守拉格莱兹，而位于珀蒂斯帕附近昂布韦河上的一座桥梁不堪连日车辆通行的重负，被一辆Ⅳ号突击炮压垮了，这座桥对于德军补给线的畅通十分重要。

1944年12月22日：在将近中午时，第501营的334号虎Ⅱ和党卫军第1装甲团第6连的2辆Ⅳ号坦克在莱萨切里乌斯（Les Tcheus）附近通往博尔古蒙特（Borgoumont）的公路上与正在推进的美军部队发生交战，虎Ⅱ击毁了一辆"谢尔曼"，但被美军90毫米高射炮击中，右侧主动轮损坏，车组成员弃车撤往拉格莱兹。第501营驻守拉格莱茨的坦克进行了成功的防御作战，击退了美军多次进攻，但最终还是被具有优势的敌人压倒了。211号和213号坦克在被多次命中后彻底损毁，其中213号坦克的炮口制退器被打掉，其残骸至今仍停放在拉格莱兹供人参观。133号虎Ⅱ向斯塔沃洛西侧前进，以救援陷入包围的党卫军第1装甲侦察营，在第二次冲击时，坦克炮塔座圈被击中，驾驶员舱盖也被打掉，无线电员阵亡，与上级失去联系，只好调头返回己方阵地，却不慎陷在路边的壕沟内无法移动，只能遗弃。在当日的战斗中，第501营损失了4辆坦克，全营保有坦克数量降至38辆。

1944年12月23日：因为无法救援派普战斗群，且坦克失去燃料和弹药补给，德军指挥部下令该战斗群于夜间自行突围。

1944年12月24日：从凌晨2时起，派普战斗群的官兵陆续徒步返回德军阵地，而他们的重型装备和车辆都被丢弃，其中包括204号和231号虎Ⅱ，它们被遗弃在通往盖（Gue）的公路上，104号虎Ⅱ也损失了，第501营保有坦克数量降至35辆。

1944年12月25日：332号虎Ⅱ被美军第740坦克营的"谢尔曼"击毁，实际上这辆坦克早在12月18日就被德军遗弃了。332号虎Ⅱ后来被美军回收，运往阿伯丁试验场，现在则被收藏在肯塔基州诺克斯堡的坦克博物馆内。文特上士也炸毁了发生故障的座车，从珀蒂斯帕附近的桥梁撤退，332号虎Ⅱ的车长勃兰特上士在珀蒂斯帕遭到炮击而身受致命伤，由党卫军下士奥特伯恩（Otterbein）接任车长，他指挥坦克从一处浅滩渡过昂布韦河。

在德军重整攻势之前，第501营所有受损车辆都被集中在恩格斯多夫，党卫军少尉亨尼格斯（Henniges）的111号虎Ⅱ以及312号虎Ⅱ均被丢弃，其中一辆在安托万农场附近的大桥上被美军P-38战斗机投掷的炸弹击中。

1944年12月26日：第501营全营在珀蒂特泰尔-伯顿维尔（Petit Their–Burtonville）

第 2 章　武装党卫军第 101/501 重装甲营行动日志

地区集结,所有受损车辆集中在恩格斯多夫。

1944年12月28日:第501营可以作战的坦克(大约14~16辆)前往阿尔隆库尔(Arloncourt)、阿尔伊(Harzy)、席姆帕克(Schimpach)和隆维利(Longvilly),合并为默比乌斯战斗群(Kampfgruppe Möbius)。

1944年12月30日:第501营第1连移交了剩余的坦克,调往厄灵豪森。"警卫旗队"师和两个独立战斗群(包括默比乌斯战斗群)一道向巴斯托涅(Bastogne)发起进攻,抵达巴斯托涅与马特朗日(Martelange)之间的公路,但止步于桑莱茨(Sainlez)和535高地之间。

1945年1月3日:德军反复攻击巴斯托涅,迫使美军第6装甲师一部撤退,但由于缺乏兵力无法利用这一有利态势扩大战果。

1945年1月8日:德军部队开始从前线后撤,一个包括2辆虎Ⅱ在内的战斗群部署在第340人民掷弹兵师的防区内,提供支援,它们最后被丢弃了,第501营保有的坦克数量降至30辆。

1945年1月10日:德军从吕特芒热(Lutremange)、维莱尔拉博讷奥(Villers La Bonne Eau)撤退到圣维特(St. Vith)东部地区,第501营由马尔梅迪(Malmedy)急行军前往圣维特。

1945年1月13日:勃兰特上士被追授金质德意志十字奖章,他的最终战果记录是57辆。

1945年1月15日:第501营当日可用兵力为10辆虎Ⅱ坦克,前往布兰肯海姆(Blankenheim)附近的集结地。

1945年1月16日至24日:第501营剩余的坦克分散开来,单独行动,前往布吕尔(Brühl)集中。

1945年1月20日:党卫军第1装甲军奉命立即由铁路调往柏林,然后转往一个尚未确定的卸车地点。

1945年1月24日:第501营能够作战的坦克在布吕根(Brüggen)和布吕尔登上火车。

1945年1月31日:当日第501营可以作战的坦克数量是19辆。

1945年2月1日:第501营当日可用兵力为23辆坦克,该营(欠第1连)在布吕尔登车,作为战役欺骗行动的一部分首先被运往科特布斯(Cottbus),然后转向东方,途经维也纳前往匈牙利。

1945年2月8日:第501营当日可以作战的坦克数量是15辆,在拉布(Raab)附近卸车。

1945年2月10日：第501营前往集结地域，准备参加消灭苏军格拉桥头堡阵地的行动。同日，第1连携带6辆新的虎Ⅱ抵达，与营主力会合，全营保有坦克数量增至36辆。

1945年2月12日：第501营当日可用兵力为19辆虎Ⅱ坦克。

1945年2月14日：阿姆泽尔鲁贝尔少尉被授予金质德意志十字奖章。

1945年2月17日："警卫旗队"师装甲战斗群（包括第501营的19辆虎Ⅱ）向帕里斯基运河（Parisky Canal）一线展开攻击，但是融雪令地面变得松软，给进攻行动造成困难。尽管如此，德军还在傍晚前摧毁了一道反坦克炮防御带，完成了当日的作战任务。

1945年2月18日：在渡过运河后，德军在于瓦（Gywa）两侧建立了桥头堡阵地，随后经萨尔坎伊福尔（Sarkanyfal）向穆日洛（Muzsla）西北的高地进攻。

1945年2月19日：德军在傍晚攻取了帕尔卡尼（Parkany），由那里继续向南进攻，击毁数辆苏军坦克。

1945年2月23日：德军重新组织兵力，准备歼灭桥头堡阵地中的残余苏军。

1945年2月24日：在突破一道强大的反坦克防线后，德军占领了凯尔宁德（Kernend），桥头堡阵地的苏军被肃清，第501营此时仅剩4辆坦克尚能作战。

1945年2月25日：德军向科莫尔恩前进，装备履带式车辆的部队乘火车前往维斯普雷姆。

1945年3月3日：第501营主力部队抵达新集结地，可以作战的坦克数量为4辆。

1945年3月4日：第501营在夜间沿公路进至波尔加尔德伊（Polgardi）东南的集结地，准备参加救援布达佩斯的行动。

1945年3月6日："春醒"行动开始，由于地面泥泞德军进展缓慢。

1945年3月7日：德军在奥东普斯陶（Odon Puszta）东北集结，在发起进攻后攻占卡洛兹（Kaloz），沿着公路向希蒙托尔尼奥亚（Simontornya）方向推进。

1945年3月8日：德军继续突击，在傍晚占领了大豪尔屈克普什（Nagyhörcsök Psz）以北的高地。

1945年3月9日：德军在亚诺什米亚尔遭遇反坦克阵地，推进受阻，随即转向希蒙托尔尼奥亚北面的高地，2辆虎Ⅱ被后送维修。

1945年3月10日：第501营当日有4辆虎Ⅱ可以作战，奉命支援"警卫旗队"师行动。

1945年3月11日：第501营当日可用兵力为8辆坦克。

1945年3月11日至14日：在希欧河（Sio River）对岸希蒙托尔尼奥亚附近的桥头

第2章　武装党卫军第101/501重装甲营行动日志

堡发生激战，此时第501营的虎Ⅱ尚未渡河，于14日傍晚在德格（Deg）地区集结。

1945年3月15日：第501营当日可用兵力为8辆虎Ⅱ坦克。

1945年3月16日：苏军向巴拉顿湖（Lake Balaton）和韦伦采湖之前的狭窄走廊展开主要攻势。

1945年3月17日：第501营当日可用兵力为9辆虎Ⅱ坦克，继续支援"警卫旗队"师作战。

1945年3月18日：党卫军第1装甲军奉命调往瓦尔帕洛塔（Varpalota）以北地区，各部于夜间开始向伊诺塔（Inota）以东地区开进，第501营当日有9辆虎Ⅱ可以作战。

1945年3月19日：第501营分为小股部队分别抵达集结地，数辆坦克因为缺乏抢修车辆，无法回收而被炸毁。

1945年3月20日：第501营在施图尔韦森堡（Stuhlweißenburg）至维斯普雷姆之间的公路上建立了防御阵地，靠近伊诺塔。在通往瓦尔帕洛塔的公路上，一辆虎Ⅱ独自击毁了15辆苏军坦克。第501营第3连的2辆虎Ⅱ在韦塞尔中尉的指挥下支援党卫军第1装甲团第3连的作战，在伊诺塔以东与苏军交战。德军在午夜之前向伊诺塔发动猛攻，试图向瓦尔帕洛塔突围，另有一部德军在佩雷蒙托－拜尔希达（Peremontor-Berhida）坚守。

第501营营长冯·韦斯特哈根中校因为饱受疾病折磨被解除了职务，在移交指挥权时遭遇空袭，根据官方报道他被航空炸弹击中身亡，但实际上他是用手枪自杀的，克林少校继任第501营营长。

1945年3月21日：由比尔恩沙因上尉指挥的1辆虎Ⅱ在奥斯库（Osku）至豪伊马斯克尔（Hajmasker）的公路上行军，在2辆"黑豹"坦克的支援下击毁了17辆苏军坦克。

1945年3月22日：德军在维斯普雷姆附近激战，最终放弃了这座城镇。

1945年3月24日：第501营的2辆虎Ⅱ在马尔科（Marko）附近坚守阵地，击毁了数辆苏军坦克。

1945年3月25日：比尔恩沙因上尉和克林少校在一次空袭中负伤，第501营沿着基斯洛德（Kislöd）、奥伊考（Ajka）、乌尔库（Urkut）一线与苏军交战。

1945年3月27日：德军撤退到上沃格（Felsösog）地区。

1945年3月28日：途经恩洛兹地区（N. Lozs）撤退。

1945年3月29日：经过奥登堡（Odenburg）。

1945年3月30日：第501营在海恩费尔德－圣维特（Hainfeld-St. Veit）地区集结，在撤退过程中被迫炸毁了不少坦克，失去装备的车组成员被改为步兵参战。党卫军下士埃泽尔（Eser）指挥的2辆没有燃料和弹药的虎Ⅱ被留在诺伊多夫（Neudörfl），其

虎式坦克 全景战史

车组成员在两天后被追击的苏军枪杀,他们的尸体不允许被掩埋。

1945年3月31日:第501营第3连的3辆虎Ⅱ抵达德意志克罗伊茨(Deutschkreuz)附近的德国边境。

1945年4月1日至3日:第501营在奥登堡和马特斯堡(Mattersburg)以南地区进行防御战,击毁了数辆T-34。

1945年4月3日至15日:第501营残部经维也纳新城穿过特赖森河谷(Traisen Valley)撤往利林菲尔德(Lilienfeld),之后并入党卫军第1装甲团,成为该团的第2营,所有失去坦克的车组成员都编入步兵部队,被部署在威廉堡(Wilhelmsburg)。

1945年4月5日:第501营将5辆虎Ⅱ移交陆军第509重装甲营。

1945年4月11日:党卫军第1装甲团及第501营残部被编入由派普指挥的战斗群,奉命在威廉堡守卫特赖森河谷,防御苏军从圣珀尔滕方向发起的进攻,并伺机攻击苏军的侧翼。

1945年4月15日:由克林少校指挥的一个战斗群在特赖森河谷发起反击,夺回了圣格奥尔根(St. Georgen)。

1945年4月16日:德军在威廉堡击退了苏军对圣格奥尔根的进攻,击毁2辆"谢尔曼"坦克,同时也击退了苏军从奥克森堡(Ochsenburg)方向发起的纵深突击,至少击毁2辆坦克。

1945年4月17日:克林战斗群肃清了渗透到威廉堡地区的苏军部队,击毁了11辆坦克。

1945年4月18日:苏军从威廉堡两翼实施包抄,试图合围克林战斗群,但后者及时突围,在罗特(Rotheau)附近,1辆虎Ⅱ发生坠桥事故,被迫遗弃。

1945年4月19日至23日:第501营的部分兵力作为步兵在普拉尼巴赫(Planibach)附近的621高地与苏军激战。

1945年4月21日:德军夺回埃舍瑙(Eschenau)。

1945年4月24日至26日:第501营残部在小策尔(Klein Zell)附近行动。

1945年4月27日:在小策尔、卡尔特库赫(Kalte Kuchl)和基希贝格(Kirchberg)附近发生了步兵交战。

1945年4月29日:第501营残部在沙伊布斯(Scheibss)、圣安东(St. Anton)和新布鲁克(Neubruck)地区集结。

1945年5月2日:第501营派遣约40名士兵前往圣瓦伦丁(St. Valentin)的尼伯龙根工厂,修复那里的6辆"猎虎"。

1945年5月5日:2辆"猎虎"沿着林茨(Linz)至圣珀尔滕的公路行进。

第 2 章　武装党卫军第 101/501 重装甲营行动日志

1945年5月7日：2辆"猎虎"抵达沙伊布斯的"警卫旗队"师师部，随后奉命与少数Ⅳ号坦克一道向恩斯（Enns）方向推进，于夜间抵达伊布斯河畔的魏德霍芬（Waidhofen）。

1945年5月8日：第501营最后的装甲车辆奉命掩护从东部战线上撤退的部队，一辆"猎虎"在过桥时履带脱落，瘫痪在路上，另一辆"猎虎"部署在魏德霍芬外围，监视附近的道路。

1945年5月9日：最后一辆"猎虎"被停在一条狭窄街道的中央，由车组成员炸毁，作为阻挡苏军坦克前进的路障。第501营及"警卫旗队"师残部在洛森施泰因（Losenstein）附近渡过恩斯河（Enns River），与苏军脱离接触，在施泰尔（Steyr）地区向美军投降。

党卫军第501重装甲营第1连有部分单位留在施洛斯霍尔特，在1945年初也展开了独立的作战行动。

1944年12月30日：第501营第1连奉命撤出阿登战区。

1944年12月31日：第1连抵达厄灵豪森。

1945年1月6日：第1连奉命前往森讷训练场接收6辆虎Ⅱ，连长、约半数的车组以及维修排和辎重队先行出发。

1945年1月8日：第1连剩下一半兵力前往施洛斯霍尔特，这里从1944年11月起就是第501营的驻地之一，他们暂时由党卫军中尉席尔克（Schierke）指挥，席尔克是一名伤残军人，一条腿因伤截肢，无法在前线服役，只能留在后方担任管理职务。

1945年1月19日：第1连一部在森讷训练场接收了坦克后登车开赴东线，由于空袭在布里隆森林（Brilon Forest）逗留了数日，随后经德累斯顿、科特布斯、布雷斯劳向东开进，在布雷斯劳休整数日后继续东行，在2月初抵达匈牙利，在拉布卸车后与营主力会合。第1连余部及补充的新兵继续驻留在施洛斯霍尔特，利用1944年9月从诺曼底撤回的唯一一辆虎Ⅱ进行训练。

1945年2月9日：第1连留守部队派出车组成员前往森讷训练场接收新装备，在此期间营部军医拉布上尉代行连长职权。

1945年3月3日：13辆虎Ⅱ交付第1连余部，然后被装上火车运往德累斯顿，但是不知何故后来中途折回，拉布上尉及部分军官继续东行，前往匈牙利回归部队。

1945年3月12日：第1连的虎Ⅱ坦克被移交给陆军第506重装甲营，而车组成员返回厄灵豪森。

1945年3月30日：美军不断推进，已进至贝库姆（Beckum）。

1945年3月31日：第1连余部调回施洛斯霍尔特。

1945年4月1日：第1连一个携带"铁拳"的自行车侦察小组发现了数辆美军坦克，并且击毁了其中一辆。那辆用于训练的虎Ⅱ也做好了战斗准备，在党卫军少尉亨尼格斯（Henniges）指挥下向森德（Sende）前进，结果在克拉克斯（Kraks）被一名陆军士兵用"铁拳"误击，亨尼格斯及三名车组成员阵亡，而那名士兵则逃跑了，在数日后被抓获，随即被当地德军指挥官下令枪决。那辆受伤的虎Ⅱ被修复，由党卫军少尉布赫纳（Buchner）指挥前往奥托班（Autobahn）迎击美军坦克部队，在埃尔布雷希特尔（Elbrechter）一座农场以东500米处被美军坦克击中起火。由于美军日益逼近，第1连余部从施洛斯霍尔特撤退，分散寻找出路，其中一部分人员撤往哈茨山区的塞森（Seesen），还有一部分人设法找到了第501营主力，并且参加了最后的战斗。

战果统计

党卫军第101/501重装甲营自1944年6月在诺曼底首次参战至1945年5月投降，总计击毁了超过500辆坦克和自行火炮，自身损失了107辆坦克。

党卫军第101/501重装甲营历任指挥官

党卫军少校冯·韦斯特哈根（1943年7月19日至1943年11月8日）
党卫军中校莱纳（1943年11月8日至1944年2月13日）
党卫军中校冯·韦斯特哈根（1944年2月13日至1945年3月20日）
党卫军少校克林（1945年3月20日至5月8日）

党卫军第101/501重装甲营骑士十字勋章获得者

党卫军上尉米夏埃尔·魏特曼　　双剑饰　　1944年6月22日

第2章 武装党卫军第101/501重装甲营行动日志

党卫军第101/501重装甲营虎式坦克王牌战绩排行榜

党卫军上尉魏特曼　　121辆
党卫军中尉文多夫　　95辆
党卫军上士勃兰特　　57辆
党卫军下士瓦姆布伦　57辆
党卫军少校克林　　　51辆

党卫军第101/501重装甲营虎Ⅰ/虎Ⅱ坦克接收及保有数量统计表

接收日期	虎Ⅰ坦克	虎Ⅱ坦克	保有数量	备注
1943.10.29	10	-	10	
1944.1	10	-	20	1辆原计划出口日本
1944.4	25	-	45	
1944.7.28	-	5	5	配属第1连
1944.7.31	-	2	7	配属第1连
1944.8.1	-	7	14	配属第1连
1944.10.17	-	4	4	
1944.10.18	-	2	6	
1944.11.11	-	8	14	
1944.11.26	-	8	22	
1944.11.28	-	4	26	
1944.12.1	-	5	31	
1944.12.3	-	3	34	
1944.12.4	-	11	45	由陆军第509重装甲营移交
1945.1.26	-	6	36	
1945.3.3	-	13	?	
1945.3.12	-	-13	?	移交陆军第506重装甲营
1945.4.5	-	-5	?	移交陆军第509重装甲营
1945.5.5	-	0	?	获得2辆"猎虎"
总计	45	60		

※ 原书统计如此，责编注。

虎式坦克 全景战史

党卫军第101/501重装甲营虎Ⅰ/虎Ⅱ坦克损失情况统计表

损失日期	损失数量	保有数量	备注
1944.6.13	3	42	1辆被"萤火虫"击毁、2辆被反坦克炮击毁
1944.6.15	4	38	毁于空袭
1944.6.15	1	37	被击毁
1944.6.16	1	36	被反坦克炮击毁
1944.6.24	2	34	重创报废
1944.6.27	1	33	被反坦克炮击毁
1944.6.28	3	30	被击毁
1944.7.7	2	28	重创报废
1944.7.18	1	27	被"萤火虫"击毁
1944.7.19	1	26	被己方反坦克炮击毁
1944.7.20	1	25	被击毁
1944.8.8	7	18	5辆被"萤火虫"击毁、1辆被遗弃
1944.8.14	1	17	被"谢尔曼"击毁
1944.8.16	1	16	被己方乘员摧毁
1944.8.18	1	15	被遗弃
1944.8.19	1	14	被步兵击毁
1944.8.24	1	13	被M10击毁
1944.8.25	5	8	被己方乘员摧毁
1944.8.27	2	6	1辆被6磅反坦克炮击毁、1辆被遗弃
1944.8.29	1	5	被击毁
1944.8.30	5	0	1辆被击毁、4辆被己方乘员摧毁
第1连			
1944.8.23	2	12	1辆被M10击毁、1辆被反坦克炮击毁
1944.8.26	3	11	被击毁、1辆毁于空袭
1944.8.28	2	9	被击毁
1944.8.29	3	6	被己方乘员摧毁
1944.8.30	1	5	被"谢尔曼"击毁
1944.9.2	1	4	被遗弃
1944.9.4	2	2	被己方乘员摧毁
1944.9.5	1	1	被己方乘员摧毁
第501营			
1944.12.18	2	43	被击毁,1辆毁于反坦克炮
1944.12.19	1	42	被击毁
1944.12.22	4	38	被击毁
1944.12.24	3	35	被己方乘员摧毁
1944.12.25	3	32	被己方乘员摧毁
1945.1.8	2	30	被己方乘员摧毁
1945.2.5	32	?	损失原因不明
总计	107		战损67%,自毁31%,其他原因损失2%

※ 原书统计如此,责编注。

第 2 章　武装党卫军第 101/501 重装甲营行动日志

党卫军第 101 重装甲营编制序列（1944 年 1 月）

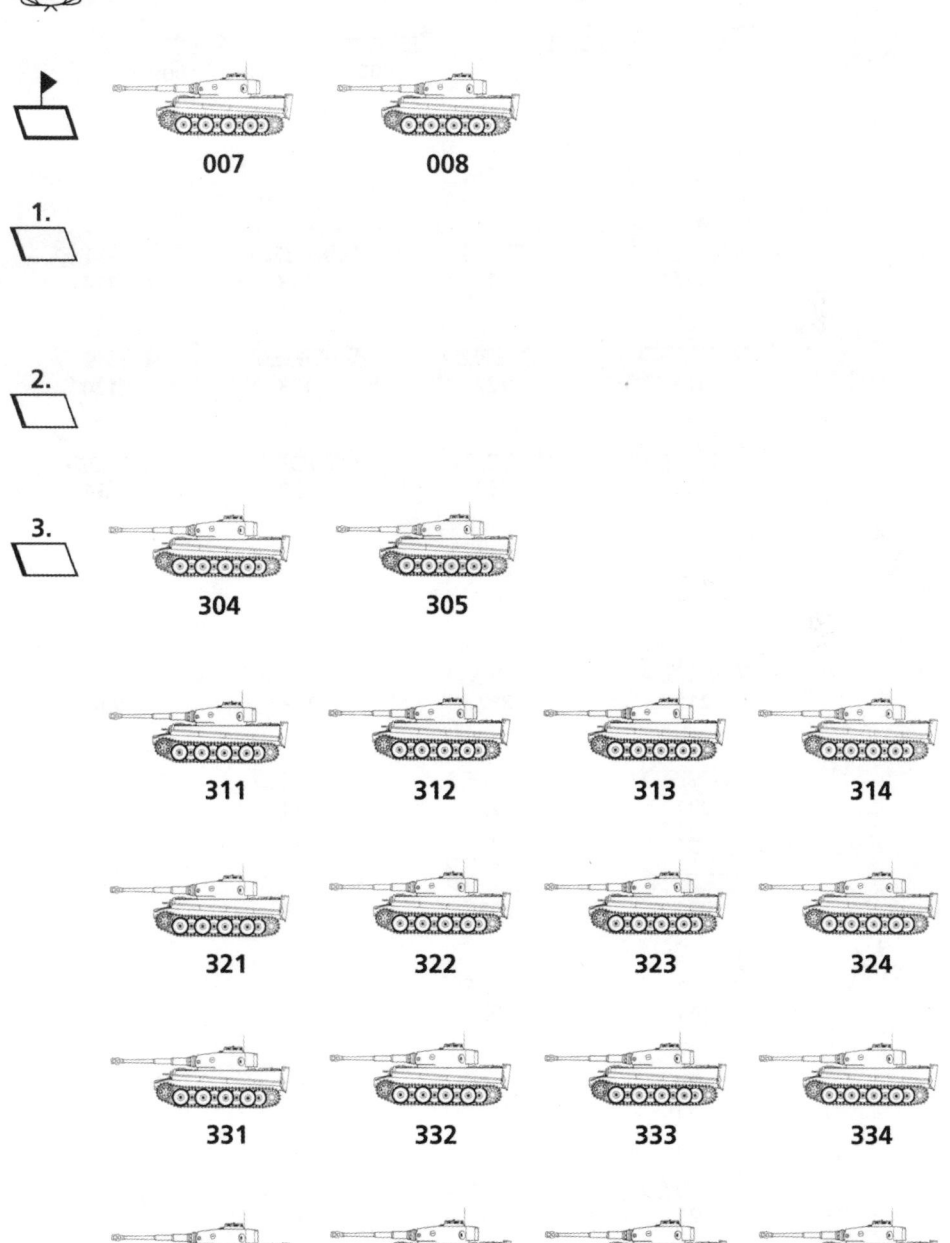

　　　　007　　　008

1.

2.

3.　　　304　　　305

311　　312　　313　　314

321　　322　　323　　324

331　　332　　333　　334

341　　342　　343　　344

党卫军第101重装甲营编制序列（1944年5月）

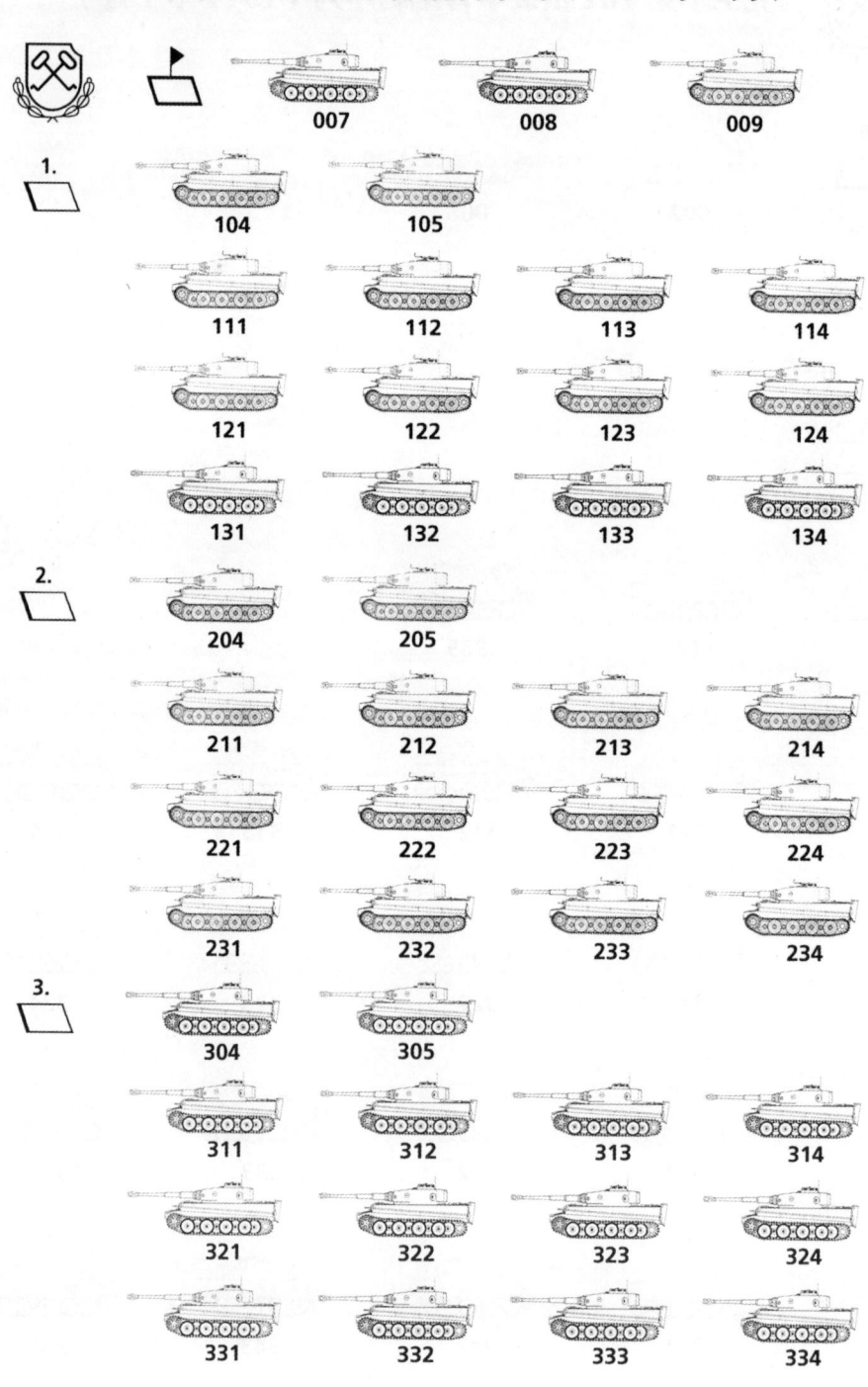

本部
007　008　009

1.
104　105
111　112　113　114
121　122　123　124
131　132　133　134

2.
204　205
211　212　213　214
221　222　223　224
231　232　233　234

3.
304　305
311　312　313　314
321　322　323　324
331　332　333　334

第 2 章　武装党卫军第 101/501 重装甲营行动日志

党卫军第 101 重装甲营编制序列（1944 年 8 月）

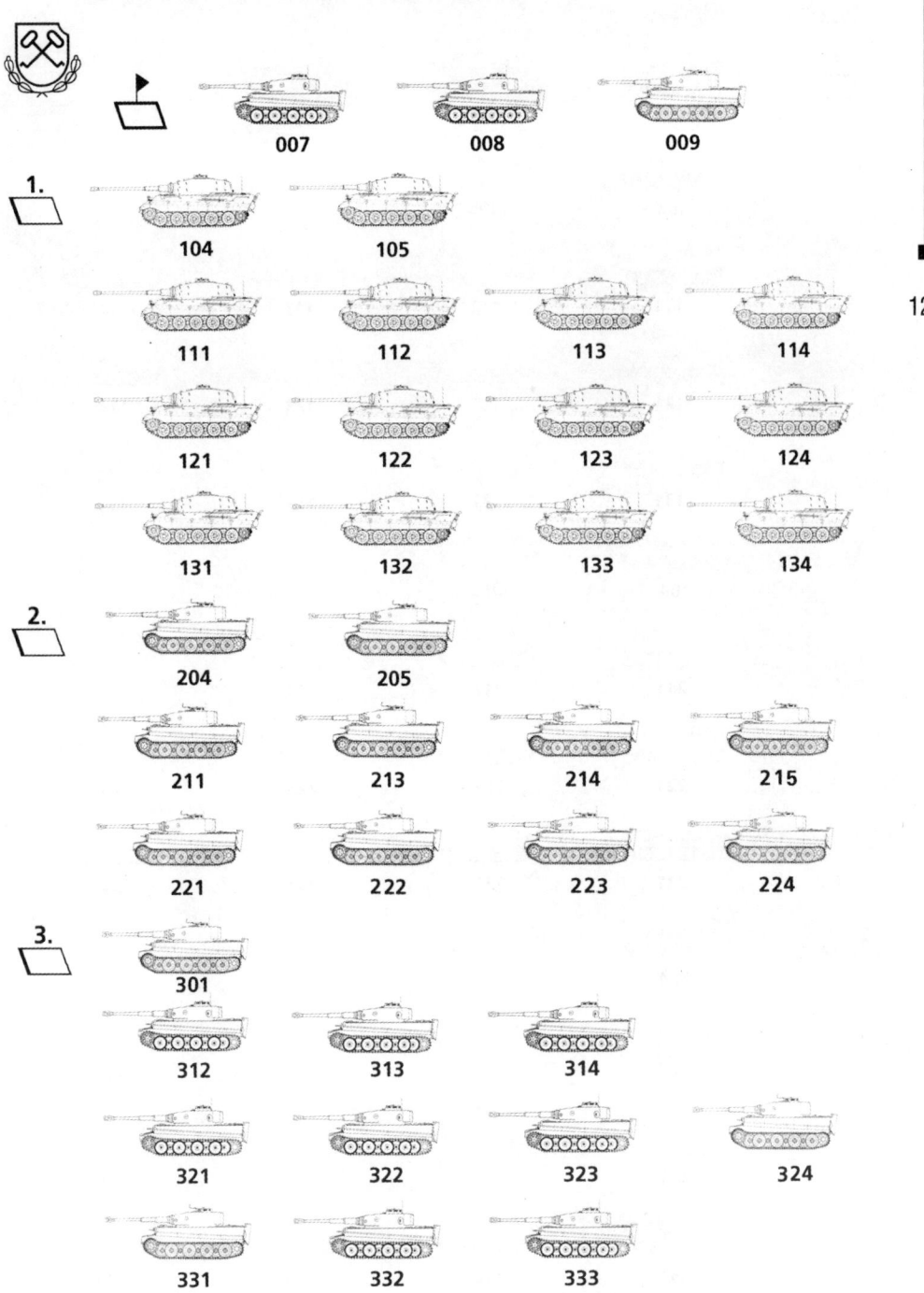

007　008　009

1. 104　105
   111　112　113　114
   121　122　123　124
   131　132　133　134

2. 204　205
   211　213　214　215
   221　222　223　224

3. 301
   312　313　314
   321　322　323　324
   331　332　333

党卫军第501重装甲营编制序列（1944年12月）

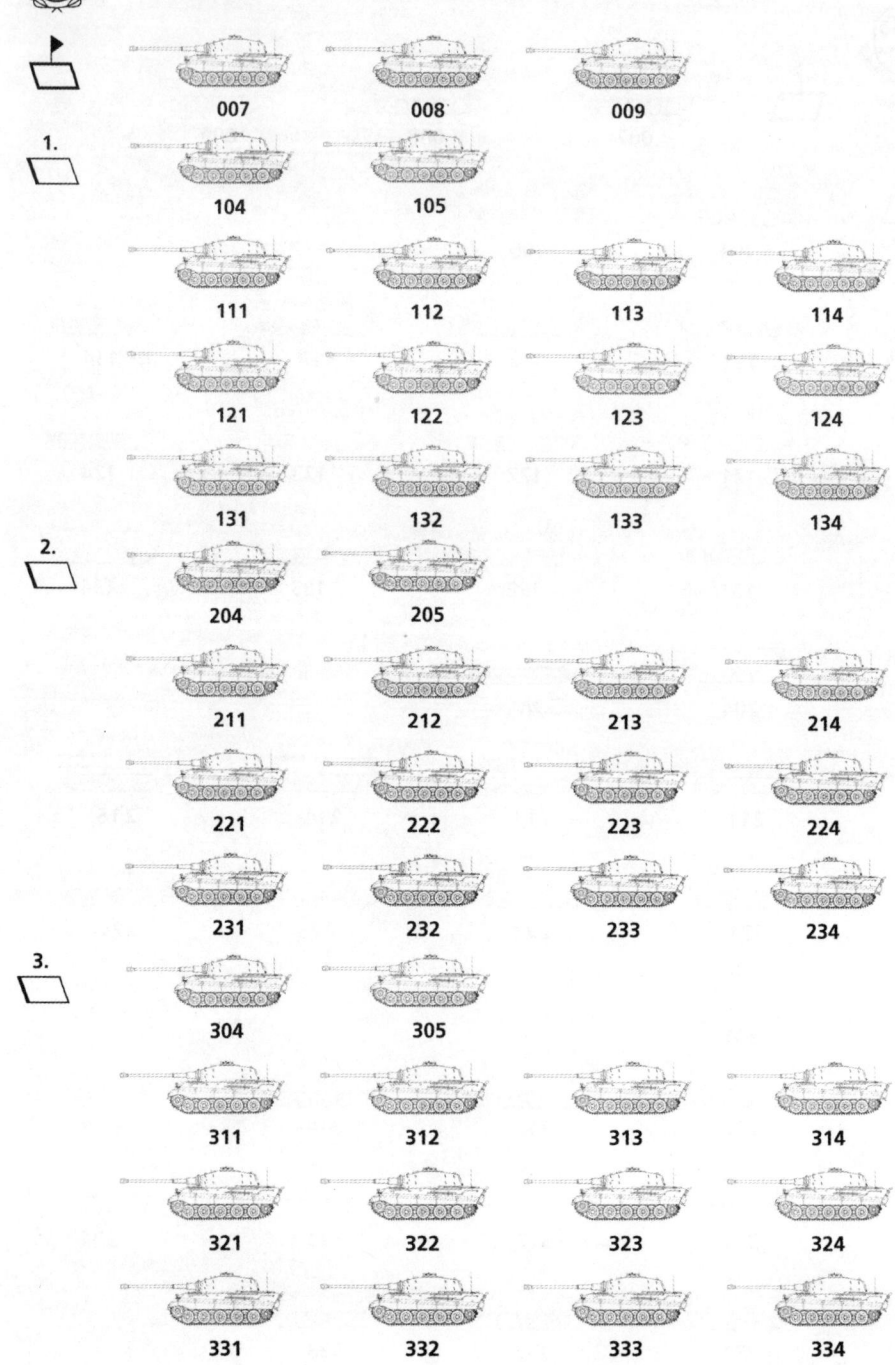

007	008	009	

1.
104	105		
111	112	113	114
121	122	123	124
131	132	133	134

2.
204	205		
211	212	213	214
221	222	223	224
231	232	233	234

3.
304	305		
311	312	313	314
321	322	323	324
331	332	333	334

第2章　武装党卫军第101/501重装甲营行动日志

※ 上图及下图　党卫军第101重装甲营的组建工作始于1943年夏秋，以党卫军第1装甲团第13连为基础，在"警卫旗队"师于意大利休整期间陆续开始第1、2连的组建，但由于前线战况变化，原计划配属第101营的虎式坦克被编为加强连，随"警卫旗队"师返回东线作战。1943年底在后方继续进行该营第3连的组训，该连于1944年1月转移至比利时的蒙斯，并陆续接收了新的虎式坦克，各项组建工作才逐渐步入正轨。本页的两幅照片就是部署在蒙斯训练场的第101营第3连的虎式坦克，从外观特征看应该是更换了指挥塔，但仍是使用胶缘负重轮的中期型坦克，其车辆编号采用很显眼的白色粗体数字，容易辨认。

虎式坦克 全景战史

※ 上图及下图　党卫军第101重装甲营第3连在1944年初陆续接收了18辆虎式坦克，超过了重装甲连的标准编制兵力，于是利用多余的坦克组建了第4排。这两幅照片就是该连第4排的342号虎式坦克在蒙斯训练时留下的，在上图中可以发现此时第3连的坦克已经喷涂了迷彩涂装；下图是342号坦克在进行公路行军训练时发生引擎故障，在原地等待救援，其无线电天线上挂着一面黄色小旗，为正在前来的维修分队指示位置。

第 2 章　武装党卫军第 101/501 重装甲营行动日志

※ 右图　党卫军第 101 重装甲营第 3 连连部及第 1 排的数辆虎式坦克在蒙斯进行训练的场景，可以看到 305、313、311 等坦克的编号。在 1944 年 3 月间，原第 13 连的老兵从东线归建，第 101 营重新组建了第 1、2 连，建制趋于完整。

※ 右图　1944 年 4 月初，党卫军第 101 重装甲营奉命由比利时乘火车前往法国加莱地区，以应对盟军可能发动的登陆行动，图为该营第 3 连的一辆虎式在出发前夕更换损坏的主动轮。

※ 右图　党卫军第 101 重装甲营的一辆虎式坦克在登上火车前完成了更换窄幅履带的工作，车组成员在坦克前愉快地留影，注意坦克车体正面左侧的营徽标志。

虎式坦克 全景战史

※ 本页组图 党卫军第101重装甲营在组建时有一个得天独厚的优势就是从原党卫军第1装甲团第13连继承了一批作战经验丰富、战功卓著的王牌坦克手,其中最出名的是担任该营第2连连长的米夏埃尔·魏特曼中尉,他当时已经在东线战场上取得了近百个击毁战果,在1944年初荣获骑士十字勋章和橡叶饰,成为广受公众崇拜的战争英雄。图为魏特曼返回德国接受嘉奖时应邀前往卡塞尔的亨舍尔工厂访问,并在厂房内向生产虎式坦克的工人们发表讲话,对虎式坦克的卓越性能给予高度的赞誉。

第2章 武装党卫军第101/501重装甲营行动日志

※ 上图 1944年4月6日,党卫军第101重装甲营的最后一批虎式坦克在蒙斯登上火车,准备开往法国,请注意这辆坦克并未更换窄幅履带。

※ 下图 1944年5月,德军在亚眠地区举行一次大规模的野战演习,党卫军第101重装甲营奉命参加。图为演习期间该营的军官在311号虎式坦克前接受命令,在照片中央身穿皮大衣阅读命令的是拉施中尉,在他右手边穿迷彩作战服的军官则是营长冯·韦斯特哈根少校,注意坦克炮塔侧面的编号已经重新涂绘。

虎式坦克 全景战史

※ 上图及下图　1944年5月的野战演习期间，德军新闻部门出于宣传目的，拍摄了大量关于党卫军第101重装甲营的精彩照片。本页就是其中最著名的两幅，表现了该营第3连的虎式坦克纵队进行公路行军的雄姿，上图是属于连部的304号虎式坦克；下图是该连第2排的323号虎式坦克，注意车体正面左上角的营徽，其周围没有敷设防磁涂层，从外观特点看，第3连的虎式坦克均为安装新型指挥塔但使用旧式负重轮的中期型坦克。

第 2 章　武装党卫军第 101/501 重装甲营行动日志

※ 上图及下图　这也是1944年5月演习期间拍摄的宣传照片，记录了党卫军第101重装甲营第3连的331号虎式坦克在演习中进行越野机动及行进射击的情景，坦克后方的尘土表明当时331号车正在移动，而炮塔则指向坦克左前方靶标出现的方向，车长从指挥塔舱口探出头观察情况。注意坦克车体后部安装有火炮固定架，在车尾左上角也绘有营徽。

虎式坦克 全景战史

※ 上图　这是一幅给人留下深刻印象的宣传照片，反映了1944年5月演习期间，党卫军第101营第3连的虎式坦克群在训练场上展开攻击队形。

※ 左图　在围绕党卫军第101重装甲营的新闻宣传活动中，该营的头号王牌、第2连连长魏特曼中尉始终处于中心位置，在摄影记者的镜头前留下了魏特曼及其车组成员的诸多珍贵影像。本图就是魏特曼的一幅近距离特写，他没戴军帽，衣领上的橡叶骑士十字勋章清晰可见。

第 2 章　武装党卫军第 101/501 重装甲营行动日志

※ 上图　党卫军第101重装甲营第2连连长魏特曼中尉与其他车组成员在坦克前闲聊。魏特曼身穿黑色装甲兵制服，其他人则穿着党卫军迷彩装甲兵制服，其中一位佩戴着骑士十字勋章，是魏特曼车组的炮手沃尔下士，在同一车组内车长和炮手同时获得骑士十字勋章的情况非常少见。

虎式坦克 全景战史

※ 左图　魏特曼车组的另一幅照片，炮手沃尔正准备给车长魏特曼点烟，这个车组各个成员之间的关系相当融洽，这也是他们在战斗中团结一致，不断取得胜利的重要原因。

※ 下图　在1944年5月演习期间，党卫军第101重装甲营第3连的行军纵队，在近处311号坦克上的两个人分别是第3连第1排排长拉施中尉和营长韦斯特哈根少校。

第 2 章　武装党卫军第 101/501 重装甲营行动日志

※ 上图　"装甲战神"米夏埃尔·魏特曼最为著名的一幅肖像照，他坐在一辆虎式坦克的炮塔上，军帽微微倾斜，目视远方，显示出一种睥睨群雄、傲然无惧的神态；他在衣领上佩戴着橡叶骑士十字勋章，左胸上则是一级铁十字勋章、装甲突击章和黑色战伤勋章。

虎式坦克 全景战史

※ 上图　在德军装甲部队中以炮手的身份获得骑士十字勋章的人非常少见，魏特曼车组的沃尔下士（前）就是一位，站在他身后的是同车组的驾驶员泽尔策下士。

※ 上图　党卫军第101重装甲营的一位虎式坦克车长，军衔为军士长，胸前佩戴着多枚勋章和一枚步兵突击章，也是一位久经战阵的老兵了。

※ 下图及右下图　党卫军第101重装甲营的埃尔文·埃斯巴赫中士（下图左）养了一只乌鸦作为车组的吉祥物，注意右下图中虎式坦克指挥塔上机枪枪架的细节。

第2章　武装党卫军第101/501重装甲营行动日志

※ 上图及下图　1944年6月7日，党卫军第101重装甲营得到盟军登陆的警报后，开始向战区开进。这两幅照片拍摄于当日上午10时，该营第1连的虎式坦克途经莫尔伊时，上图为133号坦克，下图为131号坦克，这两辆坦克均为中期型，说明它们原先是第3连第4排的装备。

虎式坦克 全景战史

※ 本页及右页组图　这组照片是党卫军第101重装甲营流传最广的战地影像，摄于1944年6月7日该营第2连的虎式坦克纵队向诺曼底前线开进途中，当时第2连沿着316号公路向莫尔伊前进，在翻越一道山脊时拍下了这组照片。在本页上图中近处的205号坦克就是连长魏特曼的座车，他本人就站在指挥塔上，全连的其他坦克跟随在连长后面依次前行。鉴于盟军的空中威胁，所有坦克都在指挥塔上架设了机枪，作为防备空袭的应急手段，与第1连及第3连不同，第2连的虎式坦克都是使用钢缘负重轮的后期型。

第 2 章 武装党卫军第 101/501 重装甲营行动日志

141

虎式坦克 全景战史

※ **本页组图** 党卫军第101重装甲营第1连的132号虎式坦克由维尔纳·文特下士指挥，穿行在莫尔伊的街道上，车组成员坐在坦克外面，看起来比较轻松，近处是一辆水陆两用吉普。这幅照片摄于1944年6月7日。而左下图是50年后莫尔伊镇同一条街道的街景，附近景物变化不大，只是看不到虎式坦克的身影。

第 2 章　武装党卫军第 101/501 重装甲营行动日志

※ 本页组图　在抵达战区附近后，党卫军第101营第2连的232号虎式坦克隐蔽在一片树林中，等待作战命令，这辆坦克的车长是库尔特·克勒贝尔下士。注意坦克炮塔侧面的编号特征以及车体正面的营徽位置，第101营的三个连在坦克车体正面的标志布局上存在明显差异。

虎式坦克 全景战史

※ 上图 党卫军第101重装甲营第1连的一辆虎式坦克从一辆水陆两用吉普前方驶过，注意车体正面右上角第1连的战术符号。值得注意的是，与之前第1连的虎式坦克不同，这辆坦克在车体正面首下位置没有加挂备用履带板，说明当时第101营没有足够数量的备用履带为所有虎式提供额外的防护措施。

第2章　武装党卫军第101/501重装甲营行动日志

※ 右图　1944年6月7日，党卫军第101营第3连的虎式坦克穿过巴黎市区开往前线，沿途引来了巴黎市民关注的目光。

※ 右图　为了防备空袭，党卫军第101营第2连的虎式坦克在接近战区后立即在树林中隐蔽起来。这幅照片还有一个特别之处是，它是由魏特曼亲手拍摄的，后来寄给了他的妻子，并保存至今。

※ 下图　尽管在昼间盟军飞机活动频繁，容易遭到空袭，但是战况紧急，党卫军第101营的虎式坦克还是冒险在白天行军，并在坦克全身用植被加以伪装。

虎式坦克 全景战史

※ 本页组图 所有在西线作战的德国装甲兵大概都会认同这样一个结论：最可怕的敌人不是盟军的坦克，而是盟军飞机，这些在陆地上所向披靡的钢铁怪兽在面对空中威胁时却无能为力，只好昼伏夜出，而在白天尽量隐蔽在树林中以躲避空袭。本页的三幅照片就反映了党卫军第101重装甲营的虎式坦克在抵达诺曼底战场后，在树林中隐蔽待命的情景。

第2章 武装党卫军第101/501重装甲营行动日志

※ 上图　1944年6月13日，党卫军第101重装甲营第1、2连抵达维莱博卡日附近。图为该营的一辆虎式坦克在公路附近的灌木丛中隐蔽待命，车组成员用大量的树枝将坦克遮盖得严严实实之后，才能放心地吃东西。

※ 下图　1944年6月13日，党卫军第101重装甲营第2连连长魏特曼中尉单车突进维莱博卡日，给推进至此的英军装甲部队以重创，创造了装甲战史上最为绚丽辉煌的著名战例。图为战斗中被魏特曼击毁的英军"克伦威尔"坦克，注意车体正面的"沙漠之鼠"标志。

虎式坦克 全景战史

※ 左图 刚刚抵达前线地带的虎式坦克，属于党卫军第101重装甲营第2连，看起来威风凛凛。第2连在进入诺曼底战场后第一仗就由连长魏特曼给对手一个下马威，而在随后的战斗中，盟军还将继续领教虎式坦克的威力。

※ 左图 硝烟弥漫的维莱博卡日街头，在照片左下角可以看到一辆虎式坦克的炮塔，那就是魏特曼在6月13日当天驾驶的222号坦克，在后来的战斗中受损瘫痪，被遗弃在城镇内。

※ 下图 在维莱博卡日之战中尽管德军先拔头筹，但在后续战斗中表现欠佳，党卫军第101重装甲营第1连的虎式坦克被不适宜地投入到街头巷战中，蒙受重大损失。图为在维莱博卡日街头被击毁的第1连112号虎式坦克（左），在其旁边是来自第130装甲团的Ⅳ号坦克。

第 2 章　武装党卫军第 101/501 重装甲营行动日志

※ 上图及下图　在维莱博卡日之战中被击毁的党卫军第 101 重装甲营第 1 连 121 号虎式坦克，在战斗中被盟军"萤火虫"坦克击中引擎，起火燃烧，车组成员弃车而逃。这两幅照片是德军占领城镇后拍摄的，坦克炮塔侧后的舱口打开，表明车组成员已经逃离，炮塔和车体上的防磁涂层也由于火焰烧灼而大片剥落，在车身上还堆满了建筑物的瓦砾碎片。注意车体正面的营徽和战术标志，车尾部也有同样的标志，这是第 101 营第 1 连独有的涂装特点。

虎式坦克 全景战史

※ 上图 在战役后期，盟军重新夺取了维莱博卡日，图为几名英军士兵从121号虎式坦克的残骸旁经过，对比前页的照片可以发现城镇的建筑物在战斗中遭到了严重破坏。

※ 左图 卡昂附近的112高地是诺曼底战役中交战双方争夺的焦点，爆发了整个战役中最激烈的战斗，党卫军第101重装甲营也卷入其中，图为在高地附近被击毁的该营第3连的311号虎式坦克。

※ 左图 在诺曼底战役中被党卫军第101重装甲营缴获的英军"克伦威尔"坦克，一名德军坦克兵从无线电员舱口探出半个头，黑色船形帽上的髑髅帽徽表明了他的身份。

第 2 章　武装党卫军第 101/501 重装甲营行动日志

※ 上图及下图　这是另外两幅有关党卫军第101重装甲营第1连112号虎式坦克的战地照片,上图是维莱博卡日战斗之后,一名德国空军军官在近距离观察112号坦克的残骸,可以发现车体上防磁涂层多处脱落,但正面的营徽和战术标志仍十分清晰;而下面这幅图片更为震撼,拍摄于1944年7月初,盟军飞机在6月30日对维莱博卡日进行了毁灭性的空袭,将整个城镇化为废墟,瓦砾碎石盖满112号坦克的残骸,而它身旁那辆Ⅳ号坦克的残骸已经被炸回零件状态了。

虎式坦克 全景战史

※ 上图及下图　在1944年6月13日的战斗中，党卫军第101重装甲营第1连一共损失了3辆虎式坦克，除了在镇内被击毁的112号和121号外，第三辆是在吕埃米尔特萨姆森附近被盟军反坦克炮击毁的，上图就是这辆坦克的残骸，下图是战斗结束后两名党卫军士兵漫步在维莱博卡日街头，他们身旁的坦克就是魏特曼驾驶的222号，这辆坦克后来被德军回收，经过修理后重新投入战斗。

第2章 武装党卫军第101/501重装甲营行动日志

※ 上两图 这两幅照片是党卫军第101重装甲营营部的两辆虎式坦克在诺曼底战役期间的留影,左图是009号坦克在树林中加油,右图则是008号坦克在隐蔽待机。

※ 下图 1944年6月27日,党卫军第101重装甲营第2连由瓦姆布伦下士指挥的虎式坦克在一次侦察行动中被击毁,图为这辆坦克的残骸。

虎式坦克 全景战史

※ 左图 1944年6月底，党卫军第101重装甲营第3连的331号虎式坦克在诺曼底地区的一座小镇内做短暂休息，注意这辆坦克的左侧外负重轮大多丢失。

※ 下图 在诺曼底战役期间，党卫军第101重装甲营第2连的232号虎式坦克在乡间公路上拖曳失去机动能力的231号坦克，这一做法在德军中是明令禁止的，但是鉴于盟军的空中威胁，留在原地等待救援无疑是坐以待毙，因此很多基层官兵都对禁令置之不理，逃命要紧啊！

第2章 武装党卫军第101/501重装甲营行动日志

※ 上图 在1944年6月15日的战斗中被击毁的一辆虎式坦克,由于起火燃烧使炮塔侧面的防磁涂层大片脱落,已经无法辨别车辆编号,但从车体正面的标志可以判断为党卫军第101重装甲营第1连所属坦克,在当天战斗中英军方面至少5辆"谢尔曼"坦克被德军虎式坦克击毁。

※ 下图 这幅照片是由英军在1944年6月24日拍摄的,几名英美士兵在查看一辆被击毁的虎式坦克,在旁边还有一辆"黑豹"坦克的残骸。从车体正面的标志看这辆虎式坦克来自党卫军第101重装甲营第3连,注意其车体正面有多处炮弹命中留下的凹坑,表明它在被毁前承受了非常猛烈地打击。

虎式坦克 全景战史

※ 上图及下图　1944年6月28日，党卫军第101重装甲营第3连的334号虎式坦克在劳拉伊附近被击毁，本页及右页的照片都是盟军后来在334号坦克被毁地点附近拍摄的，上图是两名英军士兵在查看334号坦克的残骸，注意背景中公路旁树立着一个警示牌，上面写着："注意！敌人正在监视！"是德军用于提醒己方坦克车长，下图是一名被俘的德军士兵在两名英军士兵的押解下从334号坦克的残骸旁经过。

第 2 章　武装党卫军第 101/501 重装甲营行动日志

※ 上图及下图　这两幅照片中同样出现了334号虎式坦克的身影，上图为英军第49步兵师的一辆布伦轻型运兵车停在334号坦克的残骸旁，与虎式坦克相比，这辆运兵车显得那么袖珍、渺小，完全不在一个量级上。下图是英军装甲部队的"谢尔曼"坦克从334号虎式坦克的残骸旁经过，向目标继续推进，从334号虎式被击毁时的状态判断，它可能是在向己方战线撤退途中被击中损毁的。

虎式坦克 全景战史

※ 左图 由于334号虎式坦克的残骸相对完整，英军后来将其作为战利品回收，图为几名英军的高级军官在参观这辆缴获的虎式坦克，从指挥塔和负重轮的特点判断，334号是一辆中期型虎式。

※ 左中图 一名英军士兵与缴获的德军"虎豹双雄"合影，左侧是来自党卫军第12"希特勒青年团"装甲师的135号"黑豹"坦克，右侧就是党卫军第101重装甲营的334号虎式坦克。

※ 下图 1944年7月初，党卫军第101重装甲营撤往后方换装虎Ⅱ，其剩余的虎Ⅰ坦克被移交第3连。图中这辆被击毁的虎Ⅰ就是移交的装备，其炮塔侧面编号明显被重新涂绘过，其原编号为124号，现改为324号。

第 2 章　武装党卫军第 101/501 重装甲营行动日志

※ 右图　这也是一辆原属于党卫军第101重装甲营第1连的虎式坦克，后来被移交给第3连，注意其车体正面的营徽和战术符号在移交新单位后均被抹掉了。

※ 右中图　党卫军第101重装甲营第2连的211号坦克，它并不是被盟军击毁的，而是因为机械故障被车组成员自行破坏后遗弃的，经过长时间的战斗和行军后，第101重装甲营不少坦克是由于此类非战斗损伤而被遗弃了。

※ 下图　在一座城镇中被击毁的虎式坦克，属于党卫军第101重装甲营第2连，可见这辆坦克的防磁涂层多有脱离，两侧的履带均已失去，车体正面有一处明显的中弹痕迹（白色小箭头所指）。

虎式坦克 全景战史

※ 上图 1944年8月8日，魏特曼上尉乘坐营部的007号虎式与其他数辆坦克在戈姆尼尔附近遭到盟军的伏击，包括魏特曼座车在内的5辆虎式被击毁。图为007号坦克的残骸，由于弹药殉爆，这辆虎式最后身首异处，魏特曼及其车组成员无一幸免，一代装甲战神就此殒殁。

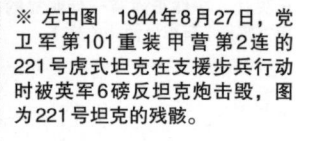

※ 左中图 1944年8月27日，党卫军第101重装甲营第2连的221号虎式坦克在支援步兵行动时被英军6磅反坦克炮击毁，图为221号坦克的残骸。

※ 左图 在1944年8月的撤退行动中，党卫军第101重装甲营仅有少数坦克成功抵达塞纳河畔，包括图中该营第3连的332号坦克，但由于无法渡河，最后还是被德军遗弃了。

第 2 章　武装党卫军第 101/501 重装甲营行动日志

※ 右图　1944年8月底，党卫军第101重装甲营第3连的一辆虎式坦克在亚眠港码头等待渡船渡过塞纳河，但在几个小时后，码头遭到了毁灭性的空袭，摧毁了所有渡河撤退的希望。

※ 右中图　1944年8月底，党卫军第101重装甲营第3连的虎式坦克车组成员在等待渡船，从照片看他们的精神状态还不错，对于成功撤退仍保有乐观态度。

※ 下图　党卫军第101重装甲营仅有少量虎式坦克得以撤过塞纳河，但是东撤的路途依然充满凶险。图为该营第2连的一辆虎式坦克穿过一座刚刚遭到盟军轰炸的法国城镇，街道旁边是中弹起火的车辆和德军士兵的尸体。

※ 上图及下图 1944年8月，党卫军第101重装甲营第1连撤往后方换装了虎Ⅱ坦克后就匆忙重返前线继续作战，但该连未能与营主力会合，仅在8月底参与了试图清除塞纳河畔盟军桥头堡的战斗，几乎全部战损。上图为刚刚交付该连的105号虎Ⅱ坦克，安装的是量产的亨舍尔型炮塔。下图是第1连在塞纳河前线被击毁的虎Ⅱ坦克残骸，从照片中观察，这辆坦克因炮盾正面右下角被击穿而损毁，但车体正面的弹痕表明，在这次致命一击到来前，其优良的防弹外形已经成功抵御了多次正面的火力冲击。

第 2 章　武装党卫军第 101/501 重装甲营行动日志

※ 右图　1944年8月29日，党卫军第101重装甲营第1连连部的104号虎Ⅱ坦克被德军遗弃在马尼昂韦克桑，这辆坦克后来被英军缴获，至今仍保存在英国的博物馆中。

※ 右中图　1944年8月30日，党卫军第101重装甲营第1连的111号虎Ⅱ在通往吉索斯的D981号公路上被英军"谢尔曼"坦克击毁，图为三名英军士兵在111号坦克的残骸前合影留念。

※ 下图　党卫军第101重装甲营第1连的111号虎Ⅱ坦克的另一幅照片，此时这辆坦克的履带被卸掉，并被推到路旁，以免阻碍交通。

※ 上图 在1944年8、9月间，在从法国北部到比利时境内的撤退途中，党卫军第101重装甲营遗弃了从诺曼底战场幸存的最后一批虎式坦克，比如图中这辆属于该营第3连的坦克，奇怪的是这辆坦克车体上看不到任何标志编号，可能是第1连移交的装备。

※ 下图 1944年8月底，党卫军第101重装甲营第1连的113号虎Ⅱ坦克驶过一座法国城镇向东撤退，炮塔顶部架设着机枪，以防备盟军的空袭。

第 2 章　武装党卫军第 101/501 重装甲营行动日志

※ 右图　1944年9月2日，党卫军第101重装甲营第1连的113号虎Ⅱ坦克因燃料耗尽被遗弃在热马普街头，与大堆的瓦砾垃圾为伴。

※ 右图　这辆虎式坦克可能是党卫军第101重装甲营在诺曼底战役中损失的最后一辆坦克，它是在比利时西南部地区被遗弃的。

※ 右图　党卫军第101重装甲营第1连的一辆被遗弃的虎Ⅱ坦克，在车体前方连接了两根拖曳钢缆，表明在它被放弃前德军曾经试图将其回收。

虎式坦克 全景战史

※ 上图及下图　诺曼底战役之后，党卫军第101重装甲营残部返回德国重建，全面换装虎Ⅱ坦克，番号也变更为党卫军第501重装甲营，随后在1944年12月间调往德比边境，参加阿登战役。上图是该营营部的008号虎Ⅱ坦克在12月13日抵达通多夫的留影，注意车体正前方有一个大写字母G，这是表明行军路线的特定记号，由于阿登地区道路有限，所以德军大部队行动时会以这种记号标记各自的行进路线，以免发生混乱和堵塞。在阿登攻势的初期阶段，德军进展顺利，下图是第501重装甲营的虎Ⅱ坦克在开进途中与一队从前线押往后方的美军战俘相遇。

第2章 武装党卫军第101/501重装甲营行动日志

※ 上图及下图 阿登战役初期的胜利进军并未持续多久,党卫军第501重装甲营很快遇到了猛烈抵抗,并蒙受了损失。12月18日,该营第1连连长乘坐的105号虎Ⅱ坦克在斯塔沃洛遭到美军第526步兵团的2门反坦克炮的攻击,被迫后撤,匆忙间卡在一栋建筑物内无法移动,只好弃车。本页的两幅照片就是被遗弃的105号坦克,从照片中观察,其车体表面并没有明显损伤,但车首机枪已经被拆除。

虎式坦克 全景战史

168

※ 上图　在阿登战役期间，两名美军士兵在查看一辆被遗弃在建筑物废墟中的德军虎Ⅱ坦克。这辆坦克属于党卫军第501重装甲营，其车首还连接着一根拖曳钢缆，表明德军曾尝试将其回收，但没有取得成功。坦克车身上堆积了不少碎砖破瓦。

第2章 武装党卫军第101/501重装甲营行动日志

※ 上图 在博恩附近因主动轮损坏而被迫遗弃的党卫军第501重装甲营营部所属008号虎Ⅱ坦克,注意其主炮的炮口制退器被拆掉,表明车组成员在弃车前破坏了坦克主炮。

※ 下图 党卫军第501重装甲营的一辆虎Ⅱ坦克奉命发起进攻,其车体正首面上装甲的字母G标记清晰可见,然而,由于复杂的地形、恶劣的路况和美军的抵抗,该营在阿登战役中取得的成果相当有限。

虎式坦克 全景战史

※ 上图 虽然在党卫军部队的进攻地段，德军的攻势很快受到了遏制，难以按照作战计划抵达预定目标，但是德军士气依然很高。这些搭乘党卫军第501重装甲营的虎Ⅱ坦克开往前线的德军伞兵的脸上仍然带着笑容，对胜利依旧充满乐观的期望。

第2章　武装党卫军第101/501重装甲营行动日志

※ 上图及下图　1944年12月19日，作为德军派普战斗群的一部分，党卫军第501重装甲营试图夺取斯塔沃洛附近横跨昂布韦河的大桥，遭到美军的猛烈抵抗而失败，该营第2连由索瓦上士指挥的222号虎Ⅱ坦克在大桥前方被美军击毁，车组成员弃车而逃。本页的两幅照片是美军在战斗结束后拍摄，反映了222号虎Ⅱ坦克被击毁时的状态，从照片中可以看到其右侧裙板全部丢失，但车体及炮塔上找不到明显的损伤，有可能在火力打击下发生机械故障而被迫放弃。

虎式坦克 全景战史

※ 上图 在斯塔沃洛被击毁的党卫军第501重装甲营第2连222号虎Ⅱ坦克的另一幅照片,从车体左侧拍摄,注意炮塔侧面的222号的编号,从其涂绘的特征判断这辆坦克是阿登战役前夕由陆军第509重装甲营移交给党卫军第501重装甲营的11辆虎Ⅱ坦克中的一辆。

※ 下图 1944年12月18日,党卫军第501重装甲营第3连的332号虎Ⅱ坦克因机械故障而被遗弃,一周后被美军缴获,因为其受损不大,相对完整,美军决定将其回收,图为一位来自美军兵工署的调查人员在检查车辆状况时在332号虎Ⅱ坦克前留影。

第2章 武装党卫军第101/501重装甲营行动日志

※ 上图 对于美军来说将332号虎Ⅱ坦克回收至后方并非易事,虎Ⅱ坦克的重量远远超过美军任何一种现役装甲车辆,美军也缺乏能够承载虎Ⅱ坦克的运输车辆,最后勉强利用平板拖车将这个战利品从前线地带运往比利时斯帕的后方兵站。这幅照片拍摄于运输途中,可见一辆六轮卡车担任牵引车,另有一辆机动吊车伴随行动,以应对途中的意外情况。

※ 右图 这幅照片是运输332号虎Ⅱ坦克的美军车队在抵达斯帕后拍摄的,在运输途中由于严重超载,导致拖车数次爆胎,几经更换才最后完成全程。从这幅照片中可以看到,虎Ⅱ坦克的车身宽度大大超过美军平板拖车的车体宽度。

虎式坦克 全景战史

※ 上图及下图 这两幅照片展示了332号虎Ⅱ坦克的最后命运，上图是332号虎Ⅱ在斯帕等待火车将其运往港口，再转乘货船运回美国，从车体上的积雪看已经停留了相当一段时间了。下图是332号虎Ⅱ在运抵美国后被制成透视状态的展示品向公众展览，目前这辆坦克被保存在肯塔基州诺克斯堡的坦克博物馆内。

第 2 章　武装党卫军第 101/501 重装甲营行动日志

※ 本页组图　1944年12月24日派普战斗群被迫突围撤退时丢弃了全部重装备，包括党卫军第501重装甲营的多辆虎Ⅱ坦克。图中这辆属于该营第2连连部的204号虎Ⅱ也因为燃料耗尽而被丢弃，后来美军士兵为其重新加油，并驾驶这辆坦克进行了短途行军，最后在鲁伊附近的一道山脊上因引擎过热而抛锚。右图是两名参与试驾虎Ⅱ的美军士兵在204号坦克上的留影。

※ 上图　1944年12月22日，党卫军第501重装甲营第3连的334号虎Ⅱ坦克在博尔古蒙特附近击毁了一辆美军"谢尔曼"坦克，但随后被美军90毫米高射炮击毁了右侧主动轮而失去机动能力，车组被迫弃车。图为美军士兵在围观334号虎Ⅱ，而它之前击毁的"谢尔曼"坦克的残骸就在旁边。

※ 下图　党卫军第501重装甲营第1连133号虎Ⅱ坦克的残骸，该车于1944年12月22日在文特上士的指挥下前往斯塔沃洛以西救援被围困的友军部队，在行动受挫返回己方阵地途中陷入路边的壕沟内，被迫弃车，并对车辆进行了爆破，可见炮塔已经被炸飞。

第 2 章　武装党卫军第 101/501 重装甲营行动日志

※ 右图　在1944年12月22日的战斗后被德军遗弃在拉格莱兹镇中心的213号虎Ⅱ坦克，在最后的防御战中，这辆坦克以建筑物为掩护顽强作战，耗尽了大部分弹药，最后因为火炮中弹损毁而被放弃。

※ 右图　被遗弃在拉格莱兹镇的213号虎Ⅱ坦克的正面照片，在其车体正面有两处明显的中弹痕迹。

※ 右图　1944年12月22日在拉格莱兹镇附近的农场被美军"谢尔曼"坦克击毁的211号虎Ⅱ坦克。在当天的战斗中，党卫军第501重装甲营总共损失了4辆虎Ⅱ坦克。

虎式坦克 全景战史

※ 上图及下图　党卫军第501重装甲营第2连的213号虎Ⅱ坦克的残骸在战后一直留在拉格莱兹，上图是战争结束多年后一位游客探访213号虎Ⅱ坦克，并在其上留影，从这幅照片可以清晰地看到炮管的损伤情况。后来当地政府对213号虎Ⅱ坦克的残骸做了一定程度的修复，重新涂绘了迷彩和编号，还为其安装了一个木制的炮口制退器，将其作为一座战争纪念碑停放在城镇郊外。下图就是经过修缮的213号虎Ⅱ坦克。

第2章 武装党卫军第101/501重装甲营行动日志

※ 上图及下图 1944年12月23日，几名美军士兵从昨日战斗中被击毁的党卫军第501重装甲营第2连211号虎Ⅱ坦克的残骸旁经过（上图），尽管这辆坦克明显已经是一具废铁壳，好事的美国大兵仍然向车体内丢了一枚手榴弹。这幅照片有一个特别之处是，一名美军士兵手持缴获的德军StG44型突击步枪。211号虎Ⅱ的磨难并未结束，在几天后被拖到一处村镇的街道旁（下图），在那里作为美军"巴祖卡"火箭筒手的射击靶标而被屡屡鞭尸，注意其两侧履带都已经脱离。

虎式坦克 全景战史

※ 上图　在1945年春季，尽管德美两军都已经离去，但留在阿登战场上的211号虎Ⅱ坦克的残骸仍能引起当地平民的兴趣，前来留影一张。

※ 下图　1945年初，两名美军士兵在312号虎Ⅱ坦克的残骸上兴奋地摆POSE留影，这辆坦克在1944年12月底被德军遗弃在恩格斯多夫以西，但是美军第628坦克歼击车营宣称这辆虎Ⅱ是被他们击毁的。

第 2 章　武装党卫军第 101/501 重装甲营行动日志

※ 上图　1945年春季拍摄的312号虎Ⅱ坦克残骸照片，在积雪消融后，人们可以看到坦克车体正面有两处被炮弹击中的痕迹。

※ 右图　1945年1月中旬，党卫军第501重装甲营残部在布兰肯海姆重新集结。图为该营第2连的马尔科维茨下士及其车组成员在被积雪覆盖的座车前合影，中间那位哥们儿比其他车组成员矮了一头，看起来颇有喜感。

※ 右图　1945年2月，党卫军第501重装甲营被调往匈牙利作战，图中是该营在匈牙利战场上损失的一辆虎Ⅱ坦克，一名苏军士兵正在旁边留影，值得注意的是这辆坦克在车体侧面挂有备用履带。

※ 上图　被遗留在匈牙利西北部某座小城郊外的虎 II 坦克残骸，这辆坦克属于党卫军第501重装甲营，该营参与了1945年3月间的"春醒"行动。

※ 下图　1945年4、5月间，党卫军第501重装甲营残部接收了6辆"猎虎"坦克歼击车，在奥地利进行了最后的战斗。图为1945年5月初被该营遗弃在斯特伦贝格的一辆"猎虎"，有趣的是，苏美两军士兵就在这辆"猎虎"面前胜利会师。

第3章 武装党卫军第102/502重装甲营行动日志

1943年7月19日，根据党卫队总部的指示，在党卫军第1装甲军建制内组建一个军属重装甲营。在此之前的1943年4月约120名骨干官兵在奥古斯特多夫集中，构成新营的基干。5月初，在党卫军少尉席恩霍芬（Schienhofen）领导下这批士兵利用3辆虎式坦克在森讷训练场开始训练。1943年6月，这批部队被派往哈尔科夫前线的瓦尔基，准备在战区后方继续进行组建工作，8月间被配属于"帝国"师，零星参与了战斗，部分人员作为步兵参战。

1943年10月：新营的基本人员回到奥古斯特多夫重整，在党卫军上尉费舍尔（Fischer）指挥下继续进行组建工作。

1943年11月4日：根据党卫队总部在10月22日签发的命令，该营获得了党卫军第102重装甲营的新番号。

1944年1月：第102营经铁路运往阿让唐，党卫军少校拉克曼被任命为该营营长，为了躲避盟军飞机的袭扰，第102营尽量在夜间进行调动。

1944年2月：党卫军第2装甲掷弹兵训练补充团的201名新兵被调入第102营，同时开始训练。

1944年春：第102营调往荷兰韦泽普训练场，同年3月，党卫军少校魏斯（Weiss）接任该营营长。

1944年4月1日：第102营继续进行训练和组建工作。

1944年4月21日：第102营接收了6辆虎式坦克。

1944年5月8日：第102营的6辆虎式全部具备作战能力，全营继续在韦泽普进行训练，部分人员则在帕德博恩接受操纵虎式坦克的相关培训。

1944年5月15日：党卫军第103重装甲营的37名军士和231名士兵调入第102营，

因为兵员不足，第102营暂时没有组建第3连。

1944年4月21日至5月29日：第102营陆续接收了45辆虎式。

1944年6月1日：第102营可以作战的虎式坦克数量为28辆。

1944年6月6日：在帕德博恩受训的第102营官兵乘坐汽车抵达韦泽普，同时举行了隆重的仪式，将虎式坦克分配给各个车组，标志着该营正式形成战斗力。

1944年6月11日：第102营乘火车经蒂尔堡（Tilburg）和布雷达（Breda）开赴法国。

1944年6月12日：军列经鲁贝（Roubaix）、利勒（Lille）和杜艾（Douai），抵达阿拉斯（Arras）并卸车，然后向西进行了40公里的公路行军，经圣波尔（St. Pol）进入加莱南部地区，在此地驻留两天后又经公路返回阿拉斯，再次登上火车。

1944年6月13日：第102营第3连在朗斯（Lens）遭到空袭，没有伤亡。

1944年6月16日：列车在拉翁（Laon）停留，当地法国铁路工人消极怠工，试图拖延列车的行程，第102营以武力相威胁，迫使工人们加紧工作，使列车重新上路。

1944年6月18日至19日：列车在兰斯（Reims）停留。

1944年6月21日至23日：第102营的军列终于到达凡尔赛，卸车后就在附近的城堡花园内休整，随后接到沿公路开赴前线的命令，最初全营仅有第2连能够立即投入行动。在赛斯（Sees）附近，运载第102营第3连的列车遭到数架盟军战斗轰炸机的空袭，数人阵亡，火车脱轨，德军迅速将虎式坦克从货车上卸下，随后沿公路前往茹埃迪布瓦（Joue-du-Bois），在那里略作休息后继续赶往前线。

1944年6月25日：第102营在凌晨3时抵达朗布耶，车组成员被允许就地休息。

1944年6月26日：第102营连夜行军，经埃佩农（Epernon）抵达曼特农（Maintenon），随后在一片树林中隐蔽休息，途中多次遭遇坦克机械故障。

1944年6月27日：第102营沿公路抵达蒂姆赖新堡（Chateauneuf-en-Thymerais）。

1944年6月28日：第102营经瑟农什（Senonches）抵达隆尼欧佩尔什（Longny-au-Perche）。

1944年7月1日：由党卫军上尉恩德曼（Endemann）指挥的第102营第2连的8辆虎式在诺夫苏埃赛（Neauphe sur Essai）休息，随后在夜间经塞斯和卡鲁日（Carrouges）抵达茹埃迪布瓦（Joue-du-Bois），同日，营长魏斯晋升为党卫军中校。

1944年7月2日：第102营继续在夜间行军，经费尔泰（La Ferte）、梅斯（Mace）和布里尤兹（Briouze）来到塞格里方丹（Segrie Fontaine），同日，该营的最后一批部队在凡尔赛卸车。

1944年7月3日：第102营在夜间经鲁弗鲁（Rouvrou）、圣马克（St. Marc）、普罗斯（Proussy）、拉维莱特（La Villette）至科维尔（Cauville）。

第3章 武装党卫军第102/502重装甲营行动日志

1944年7月4日:第102营在科维尔北部地区停留,进行维护工作。

1944年7月5日:继续进行维护作业。

1944年7月6日:第102营于当晚23时沿公路向瓦科涅斯(Vacognes)附近的集结地开进。

1944年7月7日:第102营第2连在埃夫勒西(Evrecy)、112高地附近及其北部地区进行地形侦察,全营可以作战的坦克数量为28辆。

1944年7月8日:第102营当日可用兵力为15辆,行军至圣奥诺里讷迪费欧(St. Honorine du Fay)。

1944年7月9日:第102营第1连派出一个排在党卫军少尉巴拉尔(Baral)指挥下对马尔特方向进行火力侦察,随后在20时对112高地发起攻击,击毁3辆"谢尔曼"。第102营第2连接到命令,前往圣马丁北部外围,于23时经洛讷河畔的阿马伊(Amaye-sur-Orne)抵达指定地点,211号虎式出现机械故障。第2连的任务是对112高地发起反击,此时第102营第3连仍在开赴前线的途中。当日第102营可以作战的坦克数量是27辆。

1944年7月10日:第102营在清晨遭到空袭,2辆虎式被炸毁,全营保用坦克数量降至43辆。在拂晓前,第102营经梅泽特(Maizet)和洛讷河畔阿马行军到维厄(Vieux)附近的集结区。5时30分,第1、2连开始进攻,党卫军少尉拉特曼(Rathmann)指挥的第2连第3排部署在左翼,党卫军少尉施罗伊夫(Schroif)的第1排在右翼。德军坦克与部署在巴龙(Baron)东北的英军第7皇家坦克团以及位于方丹埃通普富尔(Fontaine Etoupfour)至马尔特公路两侧的英军第9皇家坦克团发生交战,并攻取了112高地附近的一片树林,党卫军下士皮勒(Piller)的213号虎式被反坦克炮击中,德军击毁了3辆坦克和1门反坦克炮。

第2连连长恩德曼上尉(Endemann)的221号虎式在战斗中选择了一条较为偏远的路线,在驶入一片高大的灌木丛后失踪了。盟军的猛烈炮火和浓密的烟雾迫使虎式坦克离开开阔地带,第1连也击毁了数辆敌军坦克。第102营第3连随后也投入攻击,党卫军中尉施特罗伊(Streu)的311号坦克被击毁,中尉当场阵亡,之后又有2辆坦克中弹损毁,是党卫军下士里希特(Richter)的312号虎式和党卫军下士诺维(Novy)的坦克,里希特丢掉了一条胳臂,而诺维则被英军俘获。夜间,第102营支援友军部队在通往圣马丁的公路北面发起反击。当日,第102营总共损失了5辆坦克,全营保有坦克数量降至40辆。

1944年7月11日:德军于清晨5时15分开始反击,意图夺回112高地附近的主防线,第102营在战斗中击毁了3辆坦克、4门反坦克炮和15辆装甲车,党卫军下士温特（Winter）的232号虎式被反坦克炮击毁。第102营第1连的6辆虎式向阿韦奈（Avenay）附近的山坡发起冲击，以夺取穿过高地的隘路，他们巧妙地利用英军释放的烟幕，击毁了7辆坦克和8门反坦克炮。党卫军上士卡内西乌斯（Canesius）的虎式被党卫军上士克内希特（Knecht）的虎式连续误击了三次，所幸后者的主炮瞄准具没有校准，均未命中。

第102营在马尔特、埃泰维尔和方丹（Fontaine）附近配属于党卫军第10"弗伦茨贝格"装甲师，第102营第3连代理连长党卫军少尉克卢斯特（Klust）因为没有遵照命令推进至有烟幕掩护的地点而被营长撤职。当日，第102营损失1辆坦克，全营保有坦克数量降至39辆，可以作战的坦克数量是16辆。

1944年7月12日：第102营部署在112高地附近的防御阵地内，212号和214号虎式在掩护阵地内实施火力支援，英军再次夺取了高地，当日第102营可用兵力为12辆虎式。

1944年7月13日：第102营第2连继续执行防御任务，212、213和233号虎式坚守前沿，第2连右翼的第1连则发起进攻，重新占领了112高地。在高地西侧，党卫军中尉席恩霍芬（Schienhofen）的321号虎式和第2连的2辆虎式一起部署在圣马丁。全营当日可用兵力为12辆虎式。

1944年7月14日：第102营继续执行当前任务，2辆坦克部署在防御阵地上。因为持续不断的空袭，第2连重新部署到阿马伊，当日全营可以作战的虎式坦克数量为9辆。

1944年7月15日：前线战局仍无变化，德军阵地整日遭到猛烈炮击。晚间22时30分，击退了盟军的攻击，党卫军下士库勒曼（Kuhlemann）的212号虎式被炮弹击中，送往后方维修，全营当日可以作战的虎式坦克是8辆。

1944年7月16日：党卫军第102营第2连部署在圣马丁以南的果园内，1辆坦克单独部署在112高地的侧翼阵地上，协助党卫军第10装甲师的部队进行防御。全营当日可用兵力为7辆虎式坦克。第102营第1连部署在马特尔，击毁4辆"丘吉尔"坦克。

1944年7月17日：第102营的坦克继续执行防御任务。

1944年7月18日：第102营第2连的防区依然局势稳定，党卫军下士奥伯胡贝尔（Oberhuber）的224号虎式击毁了3辆坦克和1门反坦克炮，全营可用兵力为5辆虎式坦克。第102营第3连驻地遭到猛烈空袭，7辆虎式中有5辆损坏。

1944年7月19日：第102营第2连的防线依旧没有变化，全营有8辆坦克可以作战。

1944年7月20日：执行掩护任务的虎式坦克击毁了2门反坦克炮，晚间20时，第102营第2连被第1连替换，经阿马伊前往列德普雷斯（Lieu des Pres）以东的树林

第3章 武装党卫军第102/502重装甲营行动日志

休息，全营当日具备作战能力的坦克数量是11辆。

1944年7月21日：第102营第2连进行维修工作。

1944年7月22日：第102营第2连进入戒备状态，向阿马伊方向推进，在那里接到沿着通往马尔特的公路发起进攻的命令，但在遭到盟军战斗机袭击后后撤。第2连第2排在奥恩河畔富日罗勒（Fcuguerolles-sur-Orne）以北外围击毁了3门反坦克炮。第2连在夜间进入防御阵地，位于富日罗勒以北600米、马尔特教堂以南600米处的十字路口，全营当日有7辆虎式可以作战。

1944年7月23日：第102营第2连在夺取的地区建立了防御阵地，在当天上午击退了英军的一次坦克突击，击毁6辆坦克。第102营第1连在左翼阵地中至少打瘫了2辆敌军坦克，当步兵向坦克靠拢时，虎式坦克部署在主防线后方200米处的隐蔽位置。1辆虎式负责掩护富日罗勒以北地区。全营当日有8辆虎式可以作战，库勒曼下士的214号虎式被火炮击中，履带损坏。

1944年7月24日：8辆"丘吉尔"坦克从马尔特向圣马丁发起突击，被第102营第1连尽数击毁。第102营第2连第2排在富日罗勒东北部的阵地上支援友军在奥恩（Orne）以东的进攻行动，但由于能见度不良，距离太远，未能达到明显效果。全营当日有7辆虎式可用。

1944年7月25日：第102营第2连依然部署在防御阵地上，该部在67高地和奥恩河畔圣安德烈（St.Andre-sur-Orne）北部外围向敌军施压，击毁3辆坦克和4门反坦克炮，有7辆虎式投入战斗，奥伯胡贝尔下士的222号虎式被击中，无线电员阵亡。部署在112高地的第102营第1连被第3连替换，全连随后部署到克罗东（Cropton）。

1944年7月26日：第102营第1连部署在67高地和圣安德烈北部外围，击毁3辆坦克和4门反坦克炮，奥伯胡贝尔的222号虎式再度中弹，被彻底击毁。全营保有坦克数量降至38辆。第102营第2连的正面态势依然保持稳定，全连在中午之前对奥恩河（Orne River）东岸的敌军目标实施了直瞄射击。全营可以作战的坦克数量是7辆。

1944年7月27日：第102营继续执行当前任务，掩护富日罗勒以西地区，全营可以作战的坦克数量是7辆。

1944年7月28日：当日没有发生战斗，全营可用兵力为9辆虎式坦克。

1944年7月29日：全营可用兵力为10辆虎式坦克。

1944年7月30日：全营可用兵力为10辆虎式坦克。

1944年7月31日：全营可用兵力为11辆虎式坦克。第102营第2连在7月间的战斗中击毁了18辆坦克和15门反坦克炮。

1945年8月1日：第102营脱离战斗，经拉凯纳（La Caine）、哈马尔（Hamars）、坎帕德（Campandre）前往鲁康斯（Roucamps），重新部署在维尔（Vire）附近的防御阵地上。

1944年8月2日：第102营被配属于党卫军第9"霍亨施陶芬"装甲师，并组建了魏斯战斗群，在鲁康斯附近集结，然后调往圣让（St. Jean）西南地区。第102营第1连与党卫军第9装甲侦察营奉命向第102营第2连所在的埃斯特里（Estry）至拉比斯蒂尔（La Bistiere）北部外围发起攻击，击毁22辆坦克。第102营第2连于凌晨4时49分抵达鲁康斯，在该城西北300米处集结，并在5时55分接到新任务，经圣让发起进攻，然后向西推进至公路转弯处，继续朝西北前进3公里，就地转入防御，第1连则部署在第2连的南面。

下午1时，第1连发起进攻，经埃斯特里、皮埃雷斯（Pierres）、谢内多莱（Chenedolle）、维耶苏瓦（Viessoix）、沃德里（Vaudry）至拉比斯蒂尔（La Bistiere）的北部，之后全连在格拉维埃（La Graverie）以西3公里处占据防御阵地。第2连在下午15时转移至谢内多莱以西500米的十字路口。第1连与英军禁卫装甲师在谢内多莱交战。德军最初向南面进行钳形运动，经瓦西（Vassy）向维尔前进，在勒塞纳（Le Hauts）附近，前锋排遭遇反坦克炮攻击，1辆虎式被击毁，第2连于是经皮埃雷斯向北面做深远迂回，抵达坦什布拉维尔（Tinche-brav-Vire）附近的公路，并在那里建立防御阵地，于夜间接受补给。全营保有坦克数量降至37辆。

1944年8月3日：第102营第2连奉命与党卫军第9装甲侦察营一道沿维尔至卡昂公路向北进攻，目的是封锁拉比斯蒂尔北面的道路，由党卫军少尉洛里茨（Loritz）指挥的前锋排在维尔以北3公里的路口遭遇英军，击毁3辆"克伦威尔"，之后又击退英军多次攻击，至少击毁了6辆坦克和1辆侦察车，占领了119高地，据守要点，屡挫敌锋，又击毁7辆坦克。党卫军军士长罗夫索夫斯基（Rowsovski）的233号虎式被英军坦克连续击中7次后起火燃烧。当晚，德军推进到皮埃雷斯，向维尔以北撤退，第102营第1连抵达拉帕皮永尼埃（La Papillonniere），继续向北进至格拉维埃（Graviere），并与第3伞兵师建立联系。第102营第1连至少有2辆虎式被击毁，全营保有坦克数量降至34辆。

1944年8月4日：第102营第2连的7辆虎式留在拉比斯蒂尔以北的掩护阵地里，在白天击毁了6辆坦克，迫于英军的强大压力，于夜间撤往维尔以北外围阵地，1辆虎式引擎起火，被迫遗弃。其余虎式部署在格拉维埃和145高地以东的射击阵地上。第102营保有的坦克数量降至33辆。

1944年8月5日：第102营第2连的7辆虎式经皮埃雷斯调到谢内多莱，其中212、213和214号虎式奉命增援第1连，部署在谢内多莱北部，其余的坦克集中在坦什布

第3章　武装党卫军第102/502重装甲营行动日志

赖至维尔之间的道路附近进行维修工作，补充弹药和燃料。下午，212号虎式遭炮击失去行动能力，后来被放弃，全营保有坦克数量降至32辆。第102营当日可用兵力为20辆虎式，随后被党卫军第9装甲师的部队替换。

1944年8月6日：第102营第2连的阵地没有变化，在谢内多莱遭反坦克炮和远程火炮多次击中而失去行动能力的2辆虎式被224、242号虎式替换。第102营第1连一部部署在谢内多莱以西。党卫军第9装甲师的部队向勒巴斯佩里耶（Le Bas Perrier）发动反击，击毁4辆坦克，英军第1诺福克郡步兵团遭美军战斗机误击，慌忙撤离阵地而遭致重大伤亡，但德军步兵未能利用这一有利情况，随后的进攻被盟军炮火所阻。

1944年8月7日：第102营第1连尚能作战的坦克转移至瓦西，几个车组离开坦克徒步作战，炸毁了一门美军90毫米反坦克炮。第102营第2连掩护谢内多莱阵地的2辆虎式在炮击中损坏，被迫撤换，虎式坦克用主炮向勒巴斯佩里耶附近高地的英军实施压制射击，次日继续炮击。

1944年8月8日：第102营当日可以作战的坦克数量是21辆，虽然营长下达了撤退命令，但第1连的134号虎式在谢内多莱以西坚守阵地，击退了英军第23轻骑兵团一个连的进攻，击毁15辆"谢尔曼"。夜间，德军3辆虎式合力将已经失去行动能力的134号拖回己方阵地。

1944年8月9日：在盟军部队在法莱斯以北突破德军防线后，第102营第2连（欠支援第1连的坦克）奉命经努瓦罗河畔孔代（Conde-sur-Noireau）前往法莱斯救急。在进行补给之后，该连行至邦塔西利（Bons Tassily）北面的路口，在此接到经由西（Ussy）前往马丹维尔（Martainville）的命令，部署在图尔内布（Tournebu）西北的树林里，奉命支援第271步兵师，作为该师的机动预备队在博斯阿尔布（Bois Halbout）附近集结。

第102营剩余13辆可以作战的坦克在上午早些时候从维尔地区调往"希特勒青年团"师的防区，防守莱兹河畔布雷特维尔（Bretteville-sur-Laize）至圣西尔万（St. Sylvain）一线，与"希特勒青年团"师一道在140高地附近给加拿大第2军造成沉重杀伤，当天进攻德军阵地的55辆盟军坦克中有47辆被击毁。

1944年8月10日：第102营第2连的2辆虎式部署在第271步兵师左翼，击毁4辆坦克。

1944年8月11日：第102营第2连的6辆虎式部署在博斯阿尔布附近，对集结在勒蒙塞尔（Le Moncel）西南的盟军坦克部队发起快速突袭，击毁4辆坦克，在夜间全连撤至博斯阿尔布。

1944年8月12日：第102营接到报告，26辆敌军坦克从巴贝利（Barbery）东部向南推进，第2连的2辆坦克奉命防御通往埃斯普（Espins）和弗雷内（Fresney）的道路，其余6辆坦克沿着通往巴伯尔（Barberie）的公路组织防御，击毁了7辆坦克和1辆侦察车。随后，5辆虎式返回已经失守的博斯阿尔布，力图重新占领该镇，击毁3辆坦克。2辆虎式部署在图尔内布东南的防御阵地上，其余坦克在克莱尔－蒂松（Clair-Tison）东南200米处接受补给。第2连随后奉命前往沙托拉莫特（Chateaux la Motte），在其北面占领防御阵地。

1944年8月13日：当天上午，第102营第2连的3辆虎式在图尔内布东南500米处的森林里集结，掩护北部侧翼，击毁2辆坦克，1辆虎式被击毁。第2连的下一个任务是沿着一条河流向克莱尔－蒂松北面进攻，但这项任务后来取消了，原因是配合作战的步兵未能及时赶到。第2连沿着克莱尔－蒂松北面的公路前进了一段后撤往该城南面100米的阵地。傍晚，1辆部署在苏拉基（Soulangy）东北184高地上的虎式击毁了3辆"谢尔曼"。全营保有坦克数量降至31辆。

1944年8月14日：第2连的212、231和241号虎式在圣皮埃雷（St. Pierre）至卡尼韦（Canivet）一线击退了盟军从苏拉基方向发动的坦克突击，击毁了10辆坦克，随后接到撤往法莱斯东北的命令。第2连在抵达法莱斯之后卷入了当地教堂附近的交战，在黄昏后撤至城镇外围，洛里茨少尉的231号虎式彻底损毁，1辆虎式在近战中被步兵击毁。全营保有坦克数量降至29辆。

1944年8月15日：134号虎式击退了盟军对韦尔桑维尔（Versainville）的进攻，然后撤至埃拉恩斯（Eraines）。第102营第1连和第2连的2辆能够作战的坦克部署在波蒂尼北部外围阵地上，击毁1辆坦克。

1944年8月16日：第102营一部行军至维尼亚斯（Vignats），部署在法莱斯以北500米处十字路口的阻击阵地上。第102营第2连唯一能够作战的241号虎式击退了一次步兵进攻，在下午晚些时候，这辆坦克被调往法莱斯东北部外围，2辆虎式留在法莱斯支援"希特勒青年团"师作战，后来在战斗中损毁了，全营保有坦克数量降至27辆。

1944年8月17日：第102营第1连及第2连的241号坦克撤至维利（Villy）并接受补给。第102营第2连配合数辆突击炮在维利以北执行掩护撤退通道的任务，击退了从唐布兰维尔（Damblainville）方向袭来的敌军侦察部队及一支坦克纵队，1辆虎式坦克被击毁，全营保有坦克数量降至26辆。

1944年8月18日：241号虎式奉命撤往弗雷讷拉梅雷（Fresne-la-Mere）以南2公里的城堡，警戒北面的敌军动向，在其右翼是第102营第1连的坦克。当盟军部

第 3 章 武装党卫军第 102/502 重装甲营行动日志

队在中午时分渗透到霍古图斯（La Hogouettes）时，第102营接到向阿拜伊（Abbaye）以西的铁路路口展开快速突击的命令。第1连的坦克穿过阿拜伊西南的公路路堤，124号虎式由于引擎故障，只能由其他车辆牵引前进。17时，击退了盟军的进攻，在夜间124号虎式被迫炸毁，全营保有坦克数量降至25辆。第1连余部奉命向维尼亚斯以东500米的营部靠拢。营长魏斯中校在战斗中身受重伤，在特伦（Trun）附近被俘。

1944年8月19日：第102营第1连奉命经维尼亚斯向内斯（Necy）突围，所有坦克都额外携带了两桶燃油。在补充了燃料后向东北方撤退，全连此时仅剩3辆虎式，在布里厄以西遭遇敌军，施罗伊夫少尉的241号虎式在被反坦克炮击中两次后开始燃烧，其后方跟进的坦克也被击毁了。第102营第2连连长党卫军上尉卡尔斯（Kalls）的坦克成功突围。214号和222号虎式部署在特伦至维穆捷的公路上，击毁了1辆敌军坦克，后来连续遭到数次空袭，但未受损伤。在保卫位于内斯的"希特勒青年团"师师部的行动中，有3辆虎式被击毁，还有1辆虎式在迪沃河畔圣朗贝尔（Saint-Lambert-sur-Dive）被英军步兵击毁。第102营保有坦克数量降至19辆。

1944年8月20日：第102营的数辆虎式从维穆捷对特伦发起反击，此外在尚波苏尔（Champosoult）附近的战斗中击毁了数辆坦克。1辆虎式因为故障频发而被丢弃在维蒙尔斯（Vimontiers）附近，时至今日仍停放在那里，成为一个历史遗迹。第102营保有坦克数量降至18辆。

1944年8月21日：第102营残部部署在库代阿尔（Coudehard）和尚波苏尔附近，1辆虎式在与美军坦克交战时引擎中弹，由卡尔斯上尉的坦克拖曳转移，它们在奥布里勒庞图（Aubry-le-Panthou）以西寻找掩护，最终因燃料耗尽而被迫炸毁。第102营第3连的2辆虎式则一直撤到勒萨普（Le Sap），它们从党卫军第9装甲师的一支车队那里设法弄到了燃料，得以继续向布罗伊（Broglie）前进。

1944年8月22日：当天下午早些时候，第102营的坦克抵达布罗伊，但维修连已经转移驻地，并不在此，于是坦克纵队只能继续向鲁昂前进。第102营第3连的1辆失去动力的虎式在击毁3辆加拿大坦克后被丢弃在芒德维尔（Mandeville）。3辆坦克被遗弃在维修连先前驻扎的奥布里勒庞图，加上两日来的战斗损失，第102营全营保有的坦克数量降至9辆。

1944年8月23日：2辆虎式穿过一支遭空袭而起火燃烧的救护车队前往布特托涅（Btionne）。

1944年8月24日：2辆虎式与第102营第2连建立了联系。

1944年8月25日：1辆虎式坦克在埃尔伯夫（Elbeuf）被炸毁，第102营第1连连长的坦克试图使用潜渡设备渡过塞纳河，但没有成功。部分坦克在弗勒里（Fleury）集结，并成功地抵达亚眠以西的集结地，223号虎式在托施特斯（Tostes）被丢弃，全营保有坦克数量降至6辆。

1944年8月28日：营部的001号虎式在鲁昂附近乘坐渡船渡过塞纳河时不慎坠入河中而损失了。在亚眠附近，第102营残部重新集合，向东继续撤退，此时全营仅剩5辆虎式。

1944年8月29日：第102营的虎式与轮式车辆一起沿公路东行，从阿尔贝（Albert）以北行至阿拉斯，在一座被遗弃的陆军兵站内进行了补给，然后连夜行军，经维米（Vimy）抵达朗斯。

1944年8月30日：第102营在塞纳河边炸毁了4辆坦克，仅剩1辆虎式。

1944年9月1日：第102营从鲁贝（Roubaix）出发，经过阿瑟（Ath）和昂吉安（Enghien）进入莱乌（Leeuw）地区，穿过布鲁塞尔（Brussels）外围，经过梅赫伦（Mechelen）前往迪斯特（Diest），最后一辆虎式行驶到亨法尔（Genval）时也被放弃了，车组成员用炸药炸毁了它的主炮。

1944年9月3日：第102营残部调至马斯特里赫特（Maastricht）附近的林堡（Limburg），党卫军少校哈特兰普夫（Hartrampf）接任第102营营长。

1944年9月7日：第102营经亚琛抵达迪伦东部地区。

1944年9月9日：第102营途经阿恩斯贝格（Arnsberg）和索斯特（Soest）到达新的营地，之后全营在森讷训练场重建，番号更改为党卫军第502重装甲营，临时营部设在安勒希特（Anröchte），第2连驻新恩格泽克（Neuengeseke），第3连驻霍恩（Horn），后来全营调往帕德博恩。

根据1944年10月8日发布的国防军公报，党卫军第102重装甲营从1944年7月10日至8月20日在法国前线总共击毁了227辆坦克和28门反坦克炮。

1944年12月27日：6辆虎Ⅱ坦克交付第502营，但后来移交给党卫军第503重装甲营。

1945年2月14日至3月6日：第502营陆续接收了31辆虎Ⅱ坦克。在1945年3月初，第502营接到经比勒费尔德（Bielefeld）、汉诺威（Hanover）、施滕达尔（Stendal）前往斯德丁（Stettin）的命令。就在全营做好出发准备时，第2连连长党卫军中尉索雷茨（Soretz）死于交通意外，施罗伊夫中尉在新连长党卫军上尉诺伊（Neu）到任前代理连长职务。

1945年3月11日：第502营抵达斯德丁并卸车。

1945年3月17日至18日：第502营再次登上火车，途经埃伯斯瓦尔德（Eberswalde）、

第3章　武装党卫军第102/502重装甲营行动日志

吕德斯多夫（Rüdersdorf）、埃尔克纳（Erkner）、菲尔斯滕瓦尔德（Fürstenwalde）抵达贝尔肯布吕克（Berkenbrück），之后沿公路行军，经奥托班（Autobahn）进至布里耶桑（Briesen）附近地区。

1945年3月19日：第502营在夜间行军，沿公路经维尔默斯多夫（Wilmersdorf）和法尔肯哈根（Falkenhagen）抵达多尔格林（Dolgelin），部署在靠近森林的阵地上，准备发动进攻，救援屈斯特林（Kûstrin）的守军。

1945年3月22日：当天下午，第502营接到命令，对萨克森多夫（Sachsendorf）发动夜袭，将近午夜时出发，因为与伴随步兵联络不畅而暂缓进攻。

1945年3月23日：在午夜之后，第502营第2连突破了敌军的第一道防线，在黎明时遭到重炮和反坦克炮的轰击，党卫军上尉卡尔斯指挥第502营第1连试图靠近公路南侧，消灭了反坦克阵地上的部分守军，击毁3辆坦克。那些伴随坦克作战的步兵缺乏战斗经验，遭到敌方火力的压制，畏缩不前，导致进攻停滞。第502营在战斗中击毁了超过20辆坦克，但有三名车长因头部中弹阵亡。

当天夜间，第502营回收了损坏的坦克，全营具备作战能力的坦克在哈克诺夫（Hackenow）和图切班德（Tucheband）的建筑物之间寻找掩护，3辆虎Ⅱ奉命掩护侧翼。席恩霍芬中尉鉴于部队已经持续不断地遭到苏军重炮和火箭炮的轰击，认为不应将坦克集中起来，并与营长哈特兰普夫少校发生激烈争执，当后者坚持下达了一些古怪的命令后，席恩霍芬突然情绪失控，拔出手枪指向营长，恰在此时落下一颗迫击炮弹，弹片击伤了席恩霍芬的头部，才避免使这次冲突产生无法挽回的后果。第502营第3连的4辆虎Ⅱ和2辆"黑豹"抢修车因为阵地选址不佳而遭到炮击损伤。

1945年3月24日：第502营被部署在戈尔措（Golzow）附近的防御阵地上。

1945年3月26日：第502营在防御战中击毁了2辆坦克。在晚间21时，第502营的坦克开始向屈斯特林方向发起突击，在前日臂部负伤的营长乘坐半履带装甲车亲自指挥进攻。

1945年3月27日：第502营第1连在离开进攻出发线不久即被一片雷区所阻挡，3辆虎Ⅱ触雷瘫痪。第502营第3连向曼彻诺夫（Manchnow）至基耶茨（Kietz）公路的右侧推进，也遭遇了雷区的阻碍，321号虎Ⅱ在触雷后失去行动能力，在它被苏军士兵利用缴获的"铁拳"击毁前，干掉了2辆苏军坦克。

在日出后，第1连在雷区内清理出一条通道，第2连接到突击命令，在消灭了4辆敌军坦克后由于与步兵失去联系而停止推进。第1连的新任连长欠缺作战经验，在战场压力下不断下达荒谬的命令，令坦克车长们焦灼不安。连长座车在撤退时卡在一个大弹坑内，有5辆虎Ⅱ被接连击中，无法移动。在黑夜降临后，第502营撤回泽洛（Seelow），能够作战的坦克向诺伊图切班德（Neu Tucheband）集中，当时全营仅有13辆坦克可以作战。

1945年3月28日至29日：夜间，第502营回收了无法行动的受损坦克。

1945年3月31日：第502营被其他部队替换下来，向泽洛后方撤退。

1945年3月：第502营的4辆坦克被交给第559装甲维修营修理，另外3辆由柏林的克虏伯德鲁肯米勒工厂负责修理。

1945年4月3日：第502营调往迪德斯多夫－利茨岑地区（Diedersdorf-Lietzcn）。

1945年4月6日：当日，第502营可以作战的坦克数量是27辆。

1945年4月8日：第502营的坦克部署在预计的苏军主攻方向上，利用人造沙堤构成防御阵地。

1945年4月10日：第502营当日可用兵力为28辆虎Ⅱ坦克。

1945年4月15日：第502营当日可用兵力为29辆虎Ⅱ坦克，营主力位于彼得斯哈根－西弗斯多夫（Petershagen-Sieversdorf），第2连被部署在多尔格林。

1945年4月16日：第502营当日可用兵力为29辆坦克。苏军开始发起主要攻势，该营第1连的6辆坦克部署在多尔格林以东的外围阵地上，可以控制奥得河方向的开阔地带，但因为地形原因，很多敌军坦克处在其主炮最大俯角之下，无法攻击。尽管如此，它们还是摧毁了数支苏军车队，击毁了11辆坦克。第2连配属于"库尔马克"装甲掷弹兵师，在上午9时奉命转移至旧策施多夫（Vit Zeschdorf），在14时30分向雄夫利斯（Schönflicss）发起反击，激战至夜晚。在突破这座小镇后止步于两个强大的防御阵地前，而且与伴随步兵再度失去联系。更为糟糕的是，有情报称一支苏军部队身穿德军制服已经渗透到战线后方，其中还有投诚的德军士兵，这在德军防御部队中引起了混乱。在夜间，第2连撤回集结地，并回收无法行动的坦克。

1945年4月17日：第502营被调往利贝尼兴（Libbenichen）地区，第1连在防空排的协助下击退了数次进攻。

1945年4月18日：第502营第2连连长座车在从雄夫利斯撤退时，遭到党卫军少尉库恩克（Kuhnke）指挥的坦克的误击，这位少尉随即被解除职务，但因为部队缺乏军官，库恩克少尉很快就得到重新任命。

1945年4月19日：第502营第1连和第3连在利特岑－马克斯多夫地区（Lietzen-Marxdorf）进行了激烈战斗，第2连则撤往贝尔肯布吕克。

1945年4月20日：第502营接到命令，在下午撤往菲尔斯滕瓦尔德（Fürstenwalde）东部地区。

1945年4月21日：第502营第2连趁夜色经德姆尼茨（Demnitz）前往施泰因赫费

第3章 武装党卫军第102/502重装甲营行动日志

尔城堡（Steinhöfel Castle）。营部和第3连部署在海讷斯多夫（Heinersdorf）西南1公里处的阵地上，数辆坦克在耗尽弹药后，由于行走机构损坏而被迫丢弃。

1945年4月22日：第502营第2连占据了施泰因赫费尔以北的外围阵地，大约在滕珀尔贝格森林（Tempelberg Forest）东侧边缘500米处，后来又转移至滕珀尔贝格和海讷斯多夫之间公路左侧约300米处，掩护慕赫堡（Müncheberg）方向。大约上午10时，第2连再次转移阵地，前往海讷斯多夫磨坊附近的山坡上，施罗伊夫少尉的虎Ⅱ在前日曾在此地击毁了数辆坦克。第2连在2400米距离上击毁了数门反坦克炮，并摧毁了一处迫击炮阵地，随后穿过哈森温克尔（Hasenwinkel）抵达施泰因霍费尔西部外围，部署在朝向诺伊恩多夫（Neuendorf）和布赫霍尔茨（Buchholz）的防御阵地中。

下午4时，第2连向哈森费尔德（Hasenfelde）转移，4辆修复的坦克加入该连。第3连部署在第2连北面约300米的阵地上，掩护通往海讷斯多夫的公路。苏军步兵纵队从多尔格林向海讷斯多夫前进，在3500米距离上遭到德军坦克的炮击。在次日黎明前，德军坦克奉命移防阿伦斯多夫（Arensdorf），在那里击毁了11辆苏军坦克，并迫使其余坦克撤退。此时，第502营所有坦克都燃料匮乏，在随后几天里有数辆虎Ⅱ因燃料耗尽只能炸毁。苏军在夜间继续推进，并且打退了德军步兵。1辆虎Ⅱ被反坦克炮击伤，被迫留在阿伦斯多夫西面，鉴于苏军步兵已经渗透到城内，所以这辆坦克只能放弃了。

1945年4月23日：在午夜之后，第502营余部穿越敌占区向维尔默斯多夫（Wilmersdorf）撤退，随后向西南前进，第1连和第3连在德姆尼茨和施泰因赫费尔附近击退了数次坦克进攻，击毁了大约15辆坦克，随后又在贝尔肯布吕克展开防御作战。

1945年4月24日：第502营余部抵达巴德萨罗夫地区（Bad Saarow）。

1945年4月25日：第502营所有可以作战的坦克在凯斯多夫（Kersdorf）附近集结，并迫使渡过施普雷河（Spree River）的苏军撤回对岸。随后，第502营经施托尔科（Storkow）撤往沃尔青湖（Lake Wolzing）北岸，在那里与敌军交战，随即又撤往普列托斯（Prieros），部署在当地西侧的防御阵地上，党卫军军士长施密特（Schmidt）的坦克在多次中弹后在施托尔科外围被炸毁。5辆修复后具备作战能力的坦克集中在沃尔齐格（Wolzig）附近的森林里。第502营营长下令将所有非战斗轮式车辆炸毁或废弃。1辆部署在普列托斯大桥的坦克与正在乘船渡河的苏军进行了交战。第502营继续撤往普列托斯以南地区和梅尔基施－布赫霍尔茨（Märkisch-Buchholz），第3连接到命令，返回普列托斯阻止苏军的突破。

1945年4月26日：苏军突入哈尔伯（Halbe）以东地区，此时第502营正在赶往集结地途中，331号虎Ⅱ因为灭火系统故障导致坦克烧毁。

1945年4月27日：第502营最后的虎Ⅱ坦克在哈默（Hammer）附近集结，试图与第9集团军残部一起向西突围，在傍晚开始行动，第2连的7辆虎Ⅱ作为先锋引领攻击，而第1连的7辆虎Ⅱ担任后卫。数个突击集群试图肃清在哈尔伯死守的苏军，在返回己方阵地时库恩克少尉的坦克引擎中弹，另一辆虎Ⅱ不慎与一辆轮式车辆相撞，导致泄漏的油料被点燃，将坦克焚毁。德军部队绕道向南开进，随后转向西面。

1945年4月28日：当天上午早些时候，1辆虎Ⅱ被苏军的反坦克小组击毁，但其余坦克摧毁了一处苏军炮兵阵地。第502营残余部队在奥托班等待其他突围部队，随后经过哈尔伯西南的奥托班桥向巴鲁特森林（Baruth Forest）推进，与步兵重新建立联系。德军突围部队沿着与奥托班河平行的方向向南推进，抵达马索（Massow），123号虎Ⅱ在通过奥托班桥时与另一辆坦克相撞，两辆坦克均失去行动能力。

德军必须再次击溃在莫岑许尔斯（Motzen Hüls）以南措森（Zossen）至巴鲁特（Baruth）公路上顽强抵抗的敌军。第502营的轮式车辆在文德尔（Wunder）抽光了所有燃料，补充给坦克。在夜间，德军位于库默尔斯多夫（Kummersdorf）的武器试验场被苏军占领。1辆虎Ⅱ在诺伊霍夫（Neuhof）以南被击毁，111号虎Ⅱ在施佩伦贝格（Sperenberg）和费尔南诺伊恩多夫（Fernneuendorf）之间被炸毁。下午晚些时候，第502营摧毁了特雷宾（Trebbin）至卢肯瓦尔德（Luckenwalde）公路上的反坦克阵地，越过了卢肯瓦尔德北面的公路。在卢肯瓦尔德外围的森林地带，维修连炸毁了所有装备。

1945年4月29日：当天午夜，第502营抵达贝尔肯布鲁克（Berkenbruck）和穆尔滕（Mürten）之间的地区，第2连连长的座车因为燃料被污染而被迫弃车，另一辆坦克因为驱动轮脱落而被炸毁。

1945年4月30日：第502营余部向亨尼肯多夫（Hennickendorf）进攻，推进到维特贝岑–曹赫维茨（Wittbrietzen-Zauchwitz），在上午抵达舍讷费尔德（Schönefeld）西侧。

1945年5月1日：第502营此时仅剩2辆满载伤员的虎Ⅱ坦克能够作战，而且所有车组成员都有伤在身！在即将与第12集团军的前卫部队建立联系时，党卫军军士长施特伦（Streng）的坦克在马肯多夫尔胡芬（Markendorfer Hufen）被一枚"铁拳"击毁。第502营的最后一辆坦克由克卢斯特少尉指挥，因缺乏燃油被丢弃在埃尔斯霍尔茨（Elsholz）附近。在战争最后阶段的战斗中，第502营击毁了超过70辆坦克，该营的很多官兵与第12集团军的部队一道越过易北河（Elbe River）向美军投降。

第3章　武装党卫军第102/502重装甲营行动日志

战果统计

党卫军第102/502重装甲营自1944年7月在诺曼底首次参战至1945年5月投降，总计击毁了超过600辆坦克和自行火炮，自身损失了76辆坦克。

党卫军第102/502重装甲营历任指挥官

党卫军少校拉克曼（1944年1月至3月）
党卫军少校魏斯（1944年3月至8月18日）
党卫军少校哈特兰普夫（1944年8月至1945年5月）

党卫军第102/502重装甲营骑士十字勋章获得者

党卫军中尉阿洛伊斯·卡尔斯	骑士十字勋章	1944年8月23日
党卫军少校库尔特·哈特兰普夫	骑士十字勋章	1945年4月28日
党卫军上士保罗·埃格尔	骑士十字勋章	1945年4月28日

党卫军第102/502重装甲营虎式坦克王牌

党卫军上士保罗·埃格尔	113辆
党卫军下士恩斯特·格拉戈	51辆

党卫军第 102/502 重装甲营虎Ⅰ/虎Ⅱ坦克接收及保有数量统计表

接收日期	虎Ⅰ坦克	虎Ⅱ坦克	保有数量	备注
1944.4.21	6	–	6	
1944.5.20–22	24	–	30	
1944.5.26–29	15	–	45	
1944.8.22	6	–	?	未能运抵
1944.12.27	–	6	?	后移交党卫军第503重装甲营
1945.2.14	–	10	10	
1945.2.20	–	9	19	
1945.2.27	–	3	22	
1945.3.2	–	7	29	
1945.3.6	–	2	31	
总计	45	31		

※ 原书统计如此，实际虎Ⅱ坦克总计为37。责编注。

党卫军第 102/502 重装甲营虎Ⅰ/虎Ⅱ坦克损失情况统计表

损失日期	损失数量	保有数量	备注
1944.7.10	5	40	2辆毁于空袭、2辆被击毁、1辆失踪
1944.7.11	1	39	被击毁
1944.7.26	1	38	被反坦克炮击毁
1944.8.2	1	37	被反坦克炮击毁
1944.8.3	3	34	被击毁
1944.8.4	1	33	自燃
1944.8.5	1	32	毁于炮火
1944.8.13	1	31	被击毁
1944.8.14	2	29	1辆被坦克击毁、1辆被步兵击毁
1944.8.17	1	28	被击毁
1944.8.18	1	27	被己方乘员摧毁
1944.8.19	3	24	2辆被坦克击毁、1辆被步兵击毁
1944.8.20	1	23	被遗弃
1944.8.21	4	19	被己方乘员摧毁
1944.8.22	4	15	被己方乘员摧毁
1944.8.25	3	12	2辆自毁、1辆沉入河中
1944.8.28	1	11	1辆沉入河中
1944.8.30	10	1	损失原因不明
1944.9.1	1	0	被己方乘员摧毁
1945.3.27	1	30	被"铁拳"击毁
1945.4.21–25	15	15	2辆被击毁、其余自毁
1945.4.26	1	14	自燃
1945.4.27	2	12	被焚毁
1945.4.28	5	7	4辆自毁、1辆被步兵击毁
1945.4.29	2	5	1辆被T-34击毁、1辆被遗弃
1945.4	3	2	损失原因不明
1945.5.1	2	0	1辆被遗弃、1辆被反坦克手雷击毁
总计	76		战损50%、自毁38%、其他原因损失12%

※ 原书统计如此，责编注。

第 3 章　武装党卫军第 102/502 重装甲营行动日志

党卫军第 102 重装甲营编制序列（1944 年 6 月）

001　002　003

1.
141　142

111　112　113　114

121　122　123　124

131　132　133　134

2.
241　242

211　212　213　214

221　222　223　224

231　232　233　234

3.
341　342

311　312　313　314

321　322　323　324

331　332　333　334

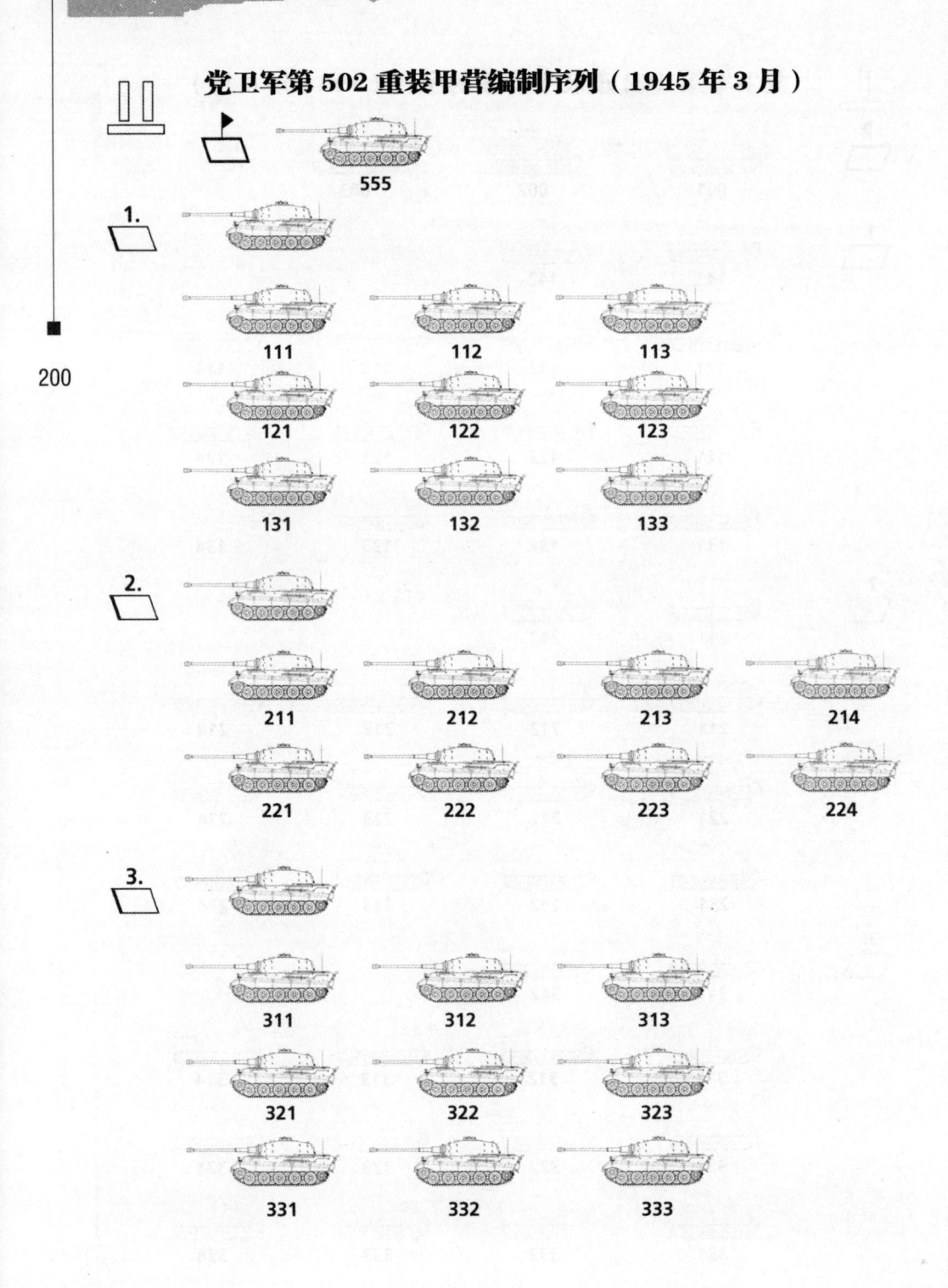

党卫军第502重装甲营编制序列（1945年3月）

555

1.

111　112　113
121　122　123
131　132　133

2.

211　212　213　214
221　222　223　224

3.

311　312　313
321　322　323
331　332　333

第3章　武装党卫军第102/502重装甲营行动日志

※ 右图　党卫军第102重装甲营的组建工作实际上在1944年初才逐渐展开，但是直到同年3月这个营还没有一辆虎式坦克。图为该营营部连侦察排的SdKfz 250型装甲车准备离开兵营参加训练演习，摄于1944年3月10日法国阿让唐，注意装甲车正面的营部连战术符号和营徽。

※ 下图　1944年3月底，党卫军第102重装甲营奉命调往荷兰韦泽普继续组建。图为即将由阿让唐启程的运载该营装备的军列，近处可以看到车上装载的是一辆SdKfz 250型装甲车，注意装甲车上的营徽标志，后面货车上是多辆卡车。

虎式坦克 全景战史

※ 左图 在前往荷兰的运输途中，党卫军第102重装甲营的SdKfz 250型装甲车上架设了MG 42型机枪，并配备了实弹，以应对可能遭遇的空袭，注意车尾部的营部连战术符号。

※ 左中图 1944年4月底，党卫军第102重装甲营终于得到了第一批虎式坦克，并且立即开始车组成员的作战训练。

※ 下图 党卫军第102重装甲营防空排的四联装20毫米机关炮的炮组成员在进行训练，值得注意的是他们都佩戴着防毒面具。

第3章 武装党卫军第102/502重装甲营行动日志

※ 上图及下图　在党卫军第102重装甲营接收了第一批虎式坦克后，该营官兵都乐于在坦克上留影纪念。上图是该营第1连连长卡尔斯中尉在连部所属的142号虎式坦克上留影，而下图是该连军士长哈克在同一辆坦克上的留影，注意142号坦克炮塔侧面的车辆编号，这两张照片均拍摄于荷兰韦泽普。

虎式坦克 全景战史

※ 左图　1944年春季，党卫军第102重装甲营一直在荷兰进行组训，图为该营一辆虎式坦克的车组成员在训练间歇进行休息。

※ 左图　1944年6月中旬，党卫军第102重装甲营奉命开赴法国，反击盟军的登陆行动，由于盟军的空袭和法国人的不合作态度，导致行程拖沓，直到6月下旬才抵达凡尔赛。图为该营一辆虎式坦克的车组成员在到达凡尔赛后的留影，注意坦克炮塔顶部已经用植被进行了伪装。

※ 左图　尽管尚未到达前线地带，但盟军的空中威胁已经非常严重，以致党卫军第102重装甲营只能在夜间行军，而在昼间所有坦克都要像这幅照片所显示的那样进行严格的伪装，躲避盟军飞机的侦察。

第 3 章 武装党卫军第 102/502 重装甲营行动日志

※ 上图 在盟军飞机肆无忌惮的西线战场上，党卫军第 102 重装甲营防空排的四联装 20 毫米机关炮也同样要做精心的伪装，这些武器将为虎式坦克的作战提供有限的空中屏障，但无法从根本上消除盟军的空中威胁。

※ 下图 党卫军第 102 重装甲营第 2 连连部的施罗伊夫上士在他的 241 号虎式坦克上的留影，注意其车体正面左侧的"闪电"营徽。

虎式坦克 全景战史

※ 上图及下图　1944年7月初，党卫军第102重装甲营第2连的虎式坦克纵队冒险在昼间行进在诺曼底的乡间公路上，在上图中行驶在211号虎式坦克前方的一辆轻型装甲车是一辆缴获自英军的战利品，在涂上铁十字标志后迅速被德军重新启用。下图是211号虎式坦克的近距离特写，车体周围插有很多树枝作为伪装物。

第3章 武装党卫军第102/502重装甲营行动日志

※ 上图及下图 这是两幅从后方拍摄的211号虎式坦克昼间行军的照片，注意在坦克炮塔后方携带有一个200升的油桶，以便满足长距离行军的油料消耗，不过一旦遭遇空袭，这个油桶可就是引火烧身的致命隐患。从这两幅照片中还可以发现，211号炮塔储物箱上的车辆编号是黑底白边数字，与炮塔两侧的车辆编号不同。

虎式坦克 全景战史

※ 左图 党卫军第102重装甲营第2连的231号虎式坦克的车组成员在行军途中检修引擎，注意在发动机舱盖板旁边放置着一只水桶，以及破损变形的排气管护罩都说明，这辆坦克的冷却系统曾经在盟军战斗机的机枪扫射中受损。

※ 下图 党卫军第102重装甲营第2连的211号虎式坦克在车身周围遍插树枝，希望以此将自己伪装成一丛灌木，骗过盟军飞行员的眼睛，可是在坦克行进时问题就出来了，一丛正在移动的灌木岂不是更加令人怀疑？

第3章 武装党卫军第102/502重装甲营行动日志

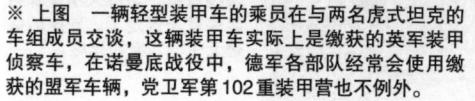

※ 上图 一辆轻型装甲车的乘员在与两名虎式坦克的车组成员交谈，这辆装甲车实际上是缴获的英军装甲侦察车，在诺曼底战役中，德军各部队经常会使用缴获的盟军车辆，党卫军第102重装甲营也不例外。

※ 上图 党卫军第102重装甲营的一辆虎式坦克的车组成员在用树枝对坦克进行伪装，为了保持伪装的有效性，虎式车组要经常砍伐一些新鲜的树枝取代那些枯萎的枝条，实际上只有很少的虎式坦克是被飞机直接击毁的。

※ 右图 党卫军第102重装甲营的211号虎式坦克在行军途中做短暂休息，对比之前的照片可以判断此时其携带的油桶已经空了，这幅照片还反映出一个有趣的特点是，即使是同一个车组，各成员之间的着装也是不统一的。

虎式坦克 全景战史

※ 左图　党卫军第102重装甲营第2连的214号虎式坦克在投入战斗前进行燃料和弹药的补给。旷日持久且强度很大的战斗导致虎式坦克的油弹消耗很大。

※ 左图　党卫军第102重装甲营的一辆经过精心伪装的虎式坦克穿过一座空荡荡的法国城镇，当地人不是躲藏起来就是逃走了，整座城镇毫无生气，宛如死城。

※ 下图　诺曼底地区特有的树篱地形为虎式坦克提供了良好的隐蔽，但也限制了其视野，党卫军第102重装甲营的坦克兵们只能站在炮塔顶部用望远镜观察远处的情况。

第3章 武装党卫军第102/502重装甲营行动日志

※ 上图　在战斗间歇，党卫军第102重装甲营第1连134号虎式坦克的车长法伊下士和两位车组成员坐在坦克尾部休息，车组着装不统一的情况再次出现。

※ 下图　党卫军第102重装甲营中三位战绩最突出的坦克车长在虎式坦克前合影，自左向右分别是134号坦克车长法伊下士、123号坦克车长埃格尔上士和124号坦克车长格拉戈下士，其中埃格尔上士是该营的头号王牌，取得了超过100个击杀战果。

虎式坦克 全景战史

※ 上图　尽管战局日趋恶化，但是党卫军第102重装甲营的坦克车长们在面对镜头时仍然保持微笑，因为他们知道无论前景如何黯淡，他们都可以信任身边的战友。

※ 下图　1944年8月14日，党卫军第102重装甲营第2连的数辆虎式坦克奉命在法莱斯周围进行防御战，阻止盟军合拢包围圈，为德军主力部队撤退争取时间，在当天该连至少击毁了10辆敌军坦克，但也蒙受了损失。由洛里茨少尉指挥的231号虎式坦克在战斗中被击毁，全体车组成员无一幸存，图中就是231号虎式坦克的残骸，由于起火燃烧，车体的防磁涂层已大片剥落。

第3章 武装党卫军第102/502重装甲营行动日志

※ 上图及下图　在战火渐渐平息后，党卫军第102重装甲营遗弃在诺曼底战场上的虎式坦克残骸为当地法国平民提供了一个寻找乐趣的去处，上图是两位法国平民探访在维蒙尔斯附近被遗弃的虎式坦克，而下图中三位法国人借助该营221号虎式坦克的残骸自编自导了一场战争剧：两名扮演德国兵的平民从坦克里举手投降，而另一位平民则持枪准备抓"俘虏"。

虎式坦克 全景战史

※ 左图　党卫军第102重装甲营的一辆虎式坦克在从诺曼底前线向东撤退途中不慎坠入公路旁的沟渠内而被迫放弃，如果时间允许，救援部队是可以将其回收修复的，但当时德军连逃命的时间都非常紧迫了。

214

※ 左图　在诺曼底战役后期，一名盟军士兵在查看一辆被虎式坦克摧毁的"谢尔曼"坦克的残骸，可见88毫米炮弹直接洞穿了"谢尔曼"的侧面装甲，并引起了弹药殉爆，直接炸飞了炮塔。即使在战役的最后阶段，虎式坦克对于任何盟军坦克而言都是一个致命的威胁。

※ 左图　党卫军第102重装甲营遗弃在维蒙尔斯的一辆虎式坦克残骸在战后被略作修复，重新涂装后作为一座战争纪念碑保存至今。

第3章 武装党卫军第102/502重装甲营行动日志

※ 上图及下图　这两幅照片是由加拿大军队在1944年8月30日拍摄的，照片中的虎式坦克是属于党卫军第102重装甲营第2连的223号坦克，它在8月25日向塞纳河撤退途中因右侧履带损坏而被车组遗弃，在上图中一名加拿大士兵从无线电员舱口向车体内窥探，下图中另一名士兵在用双手丈量虎式坦克的履带宽度。值得注意的是，223号虎式坦克的车体正面和炮塔侧面曾经遭遇猛烈的火力攻击，弹痕累累，特别是在车体正面中央还有一枚未引爆的炮弹嵌在装甲内，其储物箱也从炮塔后部脱离了，有可能在此之前被盟军当作炮术训练的靶标。

虎式坦克 全景战史

216

※ 上图及下图　在诺曼底战役的最后阶段，党卫军第102重装甲营仅有一辆虎式坦克渡过塞纳河，成功撤退到比利时境内。本页的两幅照片就是这辆虎式坦克在1944年9月1日穿过比利时城镇恩格西恩时拍摄的，可见车体周围仍然做了伪装。

第3章 武装党卫军第102/502重装甲营行动日志

※ 上图及下图　党卫军第102重装甲营在诺曼底战役中幸存的最后一辆虎式坦克在经历了漫长的撤退后，最终在1944年9月1日在比利时亨法尔附近因燃料耗尽而被遗弃，车组成员在离开前用炸药炸毁了主炮。本页的两幅照片就是这辆虎式坦克的最后状态，从无线电员舱口及指挥塔舱口已经遗失的舱门判断，这辆坦克在被车组成员遗弃后又遭到了进一步的破坏。

※ 上图 在诺曼底战役后，党卫军第102重装甲营残部返回德国，在森讷训练场重建，番号更改为党卫军第502重装甲营，同时全营换装虎Ⅱ坦克，但是直到1944年12月底，第502营才陆续接收虎Ⅱ坦克，在1945年3月间重返前线。图为该营第1连连长卡尔斯中尉在虎Ⅱ坦克前的留影，摄于1945年1月，他因为在诺曼底战役中的出色表现而在1944年8月23日获颁骑士十字勋章。

※ 下图 1945年3月中旬，重建的党卫军第502重装甲营奉命调往东线作战，全营乘火车前往斯德丁，加入中央集团军群的作战序列，图为运载第502营的军列在驶往斯德丁途中的留影。

第3章 武装党卫军第102/502重装甲营行动日志

219

※ 上图 1945年3月中旬，党卫军第502重装甲营在抵达东线后，首先被部署在奥得河前线，救援陷入包围的屈斯特林守军。图为在步兵伴随下穿过战场的第502重装甲营的虎Ⅱ坦克，在道路旁边可以看到被击毁的苏军车辆。

※ 下图 党卫军第502重装甲营由温克尔曼少尉指挥的虎Ⅱ坦克，值得注意的是这辆坦克在炮塔侧面仅涂绘了铁十字标志，而没有车辆编号。

虎式坦克 全景战史

※ 上图　在战争末期，党卫军第502重装甲营留下的照片非常稀少，这幅较为模糊的留影是该营的一个虎Ⅱ坦克车组在德国东部某城镇休息时拍摄的。

※ 下图　1945年3月27日，党卫军第502重装甲营营长乘坐的555号虎Ⅱ坦克在戈尔措附近触雷瘫痪，正准备由其他车辆拖往后方。从照片中可以观察到这辆坦克断裂的右侧履带，炮塔侧面的车辆编号也依稀可见，在车首两根拖曳钢缆已经绷直了。

第3章 武装党卫军第102/502重装甲营行动日志

※ 上图 1945年3月底，党卫军第502重装甲营在泽洛作战期间，营部通信排的无线电通信车内景，可见多名头戴耳机的无线电员正忙于作业。

※ 下图 这幅摄于1945年3月底的战地照片虽然不甚清晰，却十分珍贵，反映了党卫军第502重装甲营的一次战地回收行动的实况：2辆18吨牵引车和1辆"黑豹"抢修坦克正将一辆受损的虎Ⅱ坦克拖回己方阵地。

虎式坦克 全景战史

※ 上图　1945年3月28日在基耶茨附近被击毁的党卫军第502重装甲营第3连的321号虎Ⅱ坦克，它是被苏军步兵使用缴获的"铁拳"击毁的，全车仅炮手幸存。

※ 下图　1945年4月28日，党卫军第502重装甲营第1连的123号虎Ⅱ坦克在与另一辆坦克相撞后失去行动能力，被迫由车组成员爆破后遗弃。

第 3 章　武装党卫军第 102/502 重装甲营行动日志

※ 上图　党卫军第502重装甲营营部555号虎Ⅱ坦克的车组成员雷克策格尔上等兵在一次战斗后坐在坦克主炮上享受片刻的安静时光，摄于1945年春季，注意虎Ⅱ坦克的炮管上缠绕了一些伪装物。

虎式坦克 全景战史

※ 上图及下图　1945年5月初，胜利进军的苏军部队发现了党卫军第502重装甲营遗弃的123号虎Ⅱ坦克的残骸，并且拍照留影（上图）。在战后多年123号坦克的残躯被苏军拖往前德军库默尔斯多夫武器试验场，在那里作为反坦克武器进行射击训练的靶标承受了比战争时期更多的炮弹，下图就是123号虎Ⅱ坦克的凄凉晚景。

第4章 武装党卫军第103/503重装甲营行动日志

1944年春，党卫军第103重装甲营作为党卫军第3装甲军的直属部队在帕德博恩组建，其兵员来自党卫军第11装甲团和其他党卫军师，首任营长是党卫军少校佩奇（Paetsch），他后来被党卫军少校哈特兰普夫接替。

1943年7月1日：党卫军第11装甲团第2营在格拉芬沃尔（Grafenwöhr）训练场组建。

1943年7月初：该营被部署在克罗地亚。

1943年8月8日：在普雷斯科（Presco）参与解除一个意大利坦克团武装的行动。

1943年9月初：调往亚斯特雷巴斯科（Jastrebarsko），使用突击炮和意大利坦克进行训练，同时作为步兵单位在阿格拉姆（Agram）、亚斯特雷巴斯科和卡尔洛瓦茨（Karlovac）地区执行反游击任务，直至1943年12月中旬。

1943年11月1日：党卫军第11装甲团第2营重组为党卫军第103重装甲营，党卫军上尉弗吕格尔（Flügel）指挥的虎式教导连并入该营，上尉本人也出任第103营第1连连长，原第2营第1连连长党卫军中尉舒伯特（Schubert）被送往总参谋部参加军官进修培训。

1944年1月：第103营调往坎彭（Kampen）。

1944年2月4日：第103营接收了6辆虎式坦克，用于训练。

1944年2月至3月：第103营在帕德博恩进行训练。

1944年春：第103营将6辆虎式移交党卫军第3装甲团第9连，全营调往奥尔德布鲁克（Oldebroek）训练场继续训练，党卫军中尉特尔（Ther）出任第103营第2连连长。

1944年夏：第103营调往荷兰的埃佩（Epe），党卫军少校莱纳出任新营长，但当时该营一辆虎式坦克都没有，甚至只能使用3辆Ⅰ号C型坦克进行基础的坦克训练。

1944年5月15日：在诺曼底登陆前夕，第103营受训的车组成员被调往党卫军第101、102重装甲营。

1944年5月26日：6辆虎式坦克交付第103营，每个连分配2辆用于训练。

1944年6月1日：第103营可以使用的坦克数量是6辆。

1944年7月1日：第103营可以使用的坦克数量是6辆。

1944年8月22日：4辆虎式交付第103营，但是这批坦克与之前的6辆虎式一起被移交给第301（遥控爆破）装甲营。第103营随后开始接受虎Ⅱ坦克的相关训练。

1944年9月初：第103营被调往森讷训练场，分驻各地进行训练和组建工作，其中第1连驻皮维特舍伊德（Pivitsheide），第2连驻奥古斯特多夫，第3连驻比林豪森（Billinghausen），营部连驻霍斯特（Höste），营部则在海德克鲁格（Heidekrug）。

1944年10月19日：第103营接收了第一批4辆虎Ⅱ坦克，但受训的车组成员被调往党卫军第11"北欧"志愿装甲掷弹兵师。

1944年11月14日：党卫军第103重装甲营改称为党卫军第503重装甲营。

1944年12月1日：第503营可以作战的坦克数量为3辆。

1944年12月27日：6辆原本交付党卫军第102重装甲营的虎Ⅱ坦克移交第503营。

1945年1月11日：第503营接收了6辆虎Ⅱ。

1945年1月12日：第503营接收了3辆虎Ⅱ。

1945年1月16日：第503营接收了3辆虎Ⅱ。

1945年1月18日：第503营接收了4辆虎Ⅱ。

1945年1月25日：第503营接收了13辆虎Ⅱ。

1945年1月26日：第503营的39辆虎Ⅱ被装上火车运往东线，该营直接配属于维斯瓦河集团军群。在此一周前，党卫军少校赫尔齐希接替不受欢迎的莱纳少校继任第503营营长，但是向党卫队总部告发莱纳的比尔恩沙因上尉和特尔中尉也因为纪律原因被调往党卫军第501重装甲营任职。

1945年1月28日：第503营一部在波美拉尼亚地区的卡利斯（Kalies）和韦德尔（Wedell）卸车。第2连第3排（4辆坦克）和防空排前往屈斯特林，而那里正是第3排排长党卫军少尉哈克（Haake）的故乡！第503营第1连的部队在党卫军中尉利珀特（Lippert）指挥下部署在德里森桥头堡（Driesen Bridgehead）。一列载有6辆虎Ⅱ的火车在米肯贝格（Mückenberg）附近停留，当地指挥官豪舒尔茨少将（Hauschulz）命令坦克尽快卸车并赶往弗里德伯格（Friedeberg）。

1945年1月29日：在米肯贝格卸车的6辆虎Ⅱ并未向弗里德伯格前进，而是转向施托尔岑贝格（Stolzenberg），结果遭遇苏军的伏击，全部被击毁！同日，第503营被

第4章　武装党卫军第103/503重装甲营行动日志

配属给第2军。

1945年1月31日：第503营第1连出动7～8辆坦克配合一个伞兵营向雷根廷（Regentin）发起进攻，击毁8门反坦克炮，党卫军上士迪纳斯贝格尔（Dienersberger）在穿过一片树林时用冲锋枪向靠近的苏军步兵射击，他在枪战中头部严重受伤。由党卫军少尉布罗曼（Bromann）指挥的一辆虎Ⅱ在被反坦克炮多次击中后失去行动能力，其余德军部队攻击雷根廷外围的一处反坦克阵地，第503营第1连由党卫军下士林德尔（Lindl）指挥的虎Ⅱ引领攻击，尽管被连续击中22次，还是突入苏军阵地，但是掩护其左翼的由党卫军少尉迈因尔（Meinl）的虎Ⅱ被苏军坦克击中，起火焚毁，车组成员严重烧伤。第503营保有坦克数量降至38辆。同日，第503营被配属给第20军。

1945年2月1日：德军恢复攻势，第503营负责掩护长达10多公里的战线。

1945年2月2日：德军向多伊克罗内（Deutsch Krone）和施奈德米尔（Schneidemühl）推进了5公里，第503营第2连代理连长党卫军少尉舍费尔（Schäfer）受伤，坦克随即后撤，党卫军下士本德尔（Bender）的坦克失去行动能力，在夜间被回收。

1945年2月3日：第503营的4辆虎Ⅱ向阿恩斯瓦尔德（Arnswalde）前进。

1945年2月4日：第503营第1连的4辆坦克解救了距阿恩斯瓦尔德5公里的一支被包围的步兵部队，但4辆坦克均失去行动能力，击毁2辆苏军坦克。在随后的战斗中，另外4辆坦克在霍恩瓦尔德（Hohenwalde）和萨蒙廷（Samenthin）以北击退了苏军的数次进攻，击毁了几辆坦克。布罗曼少尉的坦克被反坦克炮打坏了主动轮而无法移动，在夜间被另外3辆坦克拖到阿恩斯瓦尔德的教堂墓地。第503营的7辆虎Ⅱ被留在陷入包围的阿恩斯瓦尔德，稳定当地的防御态势。

1945年2月5日：德军在阿恩斯瓦尔德击退苏军数次进攻，当地指挥官福格特少将（Vogt）考虑投降，但第503营的党卫军官兵威胁说将单独突围，迫使他放弃了这个想法。

1945年2月7日：党卫军少尉考尔奥夫（Kauerauf）在佐琼（Zachan）接收了3辆在施塔加德（Stargard）修复的坦克，并接到命令，经苏军占领的雷茨镇（Reetz）外围向阿恩斯瓦尔德突击，这些坦克被分散支援驻雅各布斯哈根（Jacobshagen）的党卫军第11装甲团，后来又配属于第11集团军，编入蒙策尔战斗群（Kampfgruppe Munzel）。同日，第503营的虎Ⅱ在阿恩斯瓦尔德又击毁了数辆苏军坦克。

1945年2月8日：第503营第1连考尔奥夫少尉的坦克和第2连党卫军中尉卡斯（Kaes）的坦克向齐根哈根（Ziegenhagen）进攻，它们与党卫军"赫尔曼·冯·萨尔扎"装甲营的12辆突击炮配合作战，后来又与党卫军第11"北方"突击炮营和一个伞兵连会合，在战斗中击毁了3辆JS-2坦克和数门反坦克炮。在日落后于小锡尔伯尔（Klein Silber）南侧外围建立环形防御阵地。部署在阿恩斯瓦尔德的虎Ⅱ在雄韦尔德（Schönwerder）和桑多（Sandow）附近击退苏军多次进攻。

1945年2月9日：2辆虎Ⅱ在小锡尔伯尔被苏军反坦克小组击毁，另一辆虎Ⅱ因电气系统故障而被乘员自毁。第503营保有坦克数量降至35辆。苏军向阿恩斯瓦尔德南部外围实施多次进攻，均未得手。

1945年2月10日：第503营没有加入阿恩斯瓦尔德周边战事的坦克从施塔加德调往佐琼，支援党卫军第11装甲掷弹兵师，并成为"至点"行动（Operation Solstice）的中央突击集群的组成部分。数辆虎Ⅱ协同友军部队重创了在屈恩斯费尔德（Kühnsfelde）附近集结的一支苏军部队，击毁数辆T-34。

1945年2月11日：阿恩斯瓦尔德的防御战斗仍在继续。

1945年2月12日：坚守阿恩斯瓦尔德的德军部队弹药匮乏，虎Ⅱ坦克使用空投的88毫米高射炮弹作为主炮炮弹的代用品。第503营当日可以作战的坦克数量是16辆。

1945年2月14日：德军在阿恩斯瓦尔德击退了进攻的苏军。

1945年2月15日：德军部队在阿恩斯瓦尔德的成功防御为解围行动创造了先决条件。当日，第503营可以作战的坦克有17辆。

1945年2月17日：德军计划对兰茨贝格（Landsberg）地区实施进攻，因为苏军占有优势而取消行动。在阿恩斯瓦尔德作战的5辆虎Ⅱ经马林贝格（Marienberg）撤往佐琼，其中4辆坦克牵引着党卫军上士克尔纳（Körner）无法行动的坦克，它们在佐琼接受了紧急修理和维护。

1945年2月17日至18日：所有在佐琼的坦克与一个维修排、一个辎重队登上火车开赴但泽（Danzig），营长也随队前往，营内其他坦克和单位由营部连连长党卫军上尉纳特尔（Natterer）指挥。

1945年2月25日：第503营上报有14辆坦克具备作战能力，25辆坦克在修。

1945年2月26日：12辆在修的坦克被拖曳至马索，在那里装上火车。

1945年3月3日：苏军对部署在雷茨以东的第5猎兵师发起进攻，但被击退。运载着第503营受损坦克的火车因超载超速而脱轨，导致80名难民遇难，3辆坦克被毁，车上具备一定作战能力的坦克被卸下来，开赴正受到苏军重压的诺伊恩多夫（Neuendorf），一辆缺乏炮弹的虎Ⅱ被车组成员点燃，并作为阻止苏军推进的路障。克尔纳上士的坦克在推倒了一棵大树后继续向戈莱纽夫（Gollnow）开进。在前往诺伊恩多夫途中，又有一辆虎Ⅱ被车组成员破坏后遗弃。全营保有坦克数量降至30辆。

第4章　武装党卫军第103/503重装甲营行动日志

1945年3月4日：需要修理的坦克陆续被拖曳到戈莱纽夫，在那里再次被装上火车，继续前往帕瑟瓦尔克（Pasewalk）。

1945年3月7日：第503营的待修坦克在装车时仍安装着宽幅作战履带，因此在途中会车时与其他火车发生擦刮和碰撞。由于铁路被毁坏，这列火车在克里斯廷贝格（Christinenberg）停留。

1945年3月8日：第503营第2连的4辆虎Ⅱ被部署在屈斯特林附近，党卫军下士霍夫曼（Hoffmann）的坦克在库布吕克（Kuhbrücke）耗尽燃油，党卫军下士赖特尔（Reitert）的坦克在通过奥得河上的桥梁时履带损坏，被乘员丢弃，不久被苏军缴获。第三辆坦克的结局不明，它从兰茨贝格出发前往屈斯特林的途中撞上一棵树，驱动轮损坏。第四辆坦克在加注燃料时错误地灌入了冷却剂，导致引擎损坏，后被送到柏林维修。负责指挥这4辆坦克的哈克少尉在这段时间里擅自脱离部队，甚至找时间完成了自己的婚礼，之后他与妻子躲在一辆马车里逃往德国北部。

1945年3月9日：指挥坦克后送军列的克尔纳上士在勘察了形势后决定，利用尚且完好的对向铁路线继续运输，此举取得成功，最后列车抵达了帕瑟瓦尔克。但在随后的一段时间里，这些虎Ⅱ依旧只能留在平板货车上，以保卫维斯瓦河集团军群总司令党卫队领袖希姆莱乘坐的豪华专列！后来才在扎伦廷（Zarenthin）卸车。

1945年3月12日：第503营一部与第7掷弹兵团第1营在大米施劳（GrossMischau）东北2公里处发起反击，随后撤往彭佩劳（Pempau）。

第503营的一部分兵力部署在但泽附近。

1945年2月20日：撤离旺格林（Wangerin）。

1945年2月21日：该部抵达格腾哈芬（Gotenhafen）。

1945年2月22日：由佐琼出发的第503营一部在迪施劳（Dirschau）卸车，沿公路前往普鲁士施塔加德（Preussisch Stargard）以南地区，使但泽包围圈内的虎Ⅱ坦克增加到17辆，该营起初配属于第23军，后来转而隶属第27军。有5～6辆虎Ⅱ被部署在普鲁士施塔加德以南地区。

1945年2月27日：卡斯中尉的坦克在击毁3辆敌军坦克后，在格拉包（Grabau）附近被反坦克枪打穿了观察窗，卡斯中尉当场阵亡。第503营一部在一座地名不详的城镇里肃清残敌。

1945年2月28日：第503营奉命占据了阻击阵地，该营第1连由党卫军上士海因里希（Heinrich）指挥的坦克单独部署在一片高地的正面斜坡上，遭到致命一击，炮塔顶部被击穿，散热器损坏，炮塔内的乘员被炮弹破片杀死。

虎式坦克 全景战史

1945年3月3日：2辆虎Ⅱ与党卫军第11装甲侦察营一起部署在福瑟贝格（Vossberg），消灭了苏军一个坦克连。不久，另外4辆从弗赖恩瓦尔德（Freienwalde）驶来的苏军坦克也被他们击毁了。

1945年3月7日：第503营在普鲁士施塔加德以北地区实施深远防御。随后几天担任第23军的预备队。2辆可以作战的坦克与1辆Ⅳ号坦克、1辆突击炮和1门88毫米高射炮一起部署在防御阵地上，大约80辆苏军坦克从西南方发起进攻，其中57辆被德军火力摧毁。尽管如此，苏军继续向普鲁士施塔加德推进，由布罗曼少尉指挥的坦克奉命前往救援在赫尔曼斯霍夫庄园（Hermannshof）被围的军部，而由党卫军军士长贝克尔（Becker）指挥的坦克引擎中弹，起火燃烧，逃离坦克的车组乘员也被苏军射杀。

1945年3月10日：在大米施劳附近发生交战。

1945年3月16日：部署在拉姆考（Ramkau）附近。

1945年3月20日：6辆部署在前线的虎Ⅱ坦克中仅有2辆可以作战。

1945年3月21日：在巴斯滕哈根（Bastenhagen）附近展开行动。

1945年3月21日至22日：部署在大基茨（Grosskitz）附近的阻击阵地上。在但泽码头附近维修坦克，进而部署在但泽周边的阵地上。有时，来自"欧根亲王"号重巡洋舰的炮兵观察员会跟随虎Ⅱ坦克一起行动，以便指引舰炮炮火。

1945年3月25日：第503营在但泽首次遭到空袭，2辆虎Ⅱ向佐波特（Zoppot）方向进行侦察，之后部署在奥利瓦（Oliva）和佐波特之间。

1945年3月26日：第503营击退了苏军的数次进攻，击毁了6辆JS坦克，并将第190突击炮旅缴获的1辆JS坦克纳为己用，在它失去作战能力后被沉入港口。第503营6辆可以作战的虎Ⅱ和7辆受损的虎Ⅱ被配属于党卫军第11装甲掷弹兵师。在日落后，所有坦克撤回营部所在的奥利瓦堡，这里也是军部所在地。在夜间，4辆虎Ⅱ转移到奥利瓦东南的魏斯霍夫庄园（Weisshof Estate）。

1945年3月30日：在但泽地区，党卫军少尉施塔德勒（Städler）指挥的装甲部队中有一部分失去装备的车组成员作为步兵在博恩扎克（Bohnsack）附近的树林中战斗，并且坚持到5月1日。

1945年4月2日至3日：第503营在但泽地区的大部分人员装备从施纳肯堡（Schnackenburg）海运至斯维内明德（Swinemünde），然后前往柏林与该营的其他部队会合。

1945年4月6日：第503营可以作战的虎Ⅱ坦克有9辆。

1945年4月1日至15日：在弗劳恩哈根（Frauenhagen）集中了10辆虎Ⅱ。

第4章　武装党卫军第103/503重装甲营行动日志

1945年4月10日：当日的国防军公报提及了在格腾哈芬地区作战的党卫军少尉布罗曼，他在1945年3月2日至18日的战斗中击毁了66辆坦克和44门反坦克炮。第503营当日可以作战的虎Ⅱ坦克为9辆。

1945年4月13日：第503营当日上报仍有12辆坦克。

1945年4月16日：第503营奉命经昂格明德（Angermünde）和埃伯斯瓦尔德（Eberswalde）前往帕瑟瓦尔克以北地区，当天全营可用兵力为10辆坦克。

1945年4月18日：第503营部署在从普勒策尔（Prötzel）到博勒尔斯多夫（Bollersdorf）之间的阻击阵地上，击退了苏军从格鲁诺（Grunow）发动的坦克突击，击毁了64辆苏军坦克，己方有1辆虎Ⅱ坦克被击毁，全营保有坦克数量降至11辆。

1945年4月19日：苏军突袭了第503营维修连的营地，摧毁了大部分维修装备和设施。第503营残部向柏林方向突围，击毁了4辆坦克。党卫军下士迪尔斯（Diers）的314号虎Ⅱ部署在施特劳斯堡（Straussberg）以东3公里的克洛斯特多夫（Klosterdorf）东北高地的阻击阵地上，击毁了13辆推进至普勒策尔和格鲁诺地区的苏军坦克。这辆坦克的炮塔顶部被击中，被迫撤退，并且还拖曳着党卫军下士博茨曼（Bootsmann）无法移动的坦克一起后撤。但在撤退了数公里后，314号坦克被党卫军上将哈梅尔（Harmel）勒令停止撤退，转而向东猎杀正在逼近的苏军坦克，迪尔斯依令而行，不久得知情报中所述的苏军坦克已经被摧毁了，于是按照原路返回，途中陷在厚厚的积雪中，幸好党卫军第10装甲师的2辆Ⅳ号坦克经过，将这辆虎Ⅱ营救脱险，而博茨曼的坦克因为苏军逼近而被留在原地，无法回收。

党卫军中尉米勒（Müller）指挥的5辆虎Ⅱ部署在格鲁诺附近的高地上，当苏军坦克接近时过早开火，当前沿坦克弹药告罄时，克尔纳上士的3辆作为预备队的虎Ⅱ被迫提前投入战斗。这些虎Ⅱ坦克在战斗中总共击毁了超过70辆坦克，但米勒中尉在座车外面遭苏军火箭炮的弹片击杀。

克尔纳上士随后奉命支援友军部队向博勒尔斯多夫附近的一座高地实施反击，发现一个苏军坦克旅正在那里集结和补给，而且疏于警戒，大约一个连的JS坦克在通往施特劳斯堡的公路上排成纵队，而在博勒尔斯多夫外围聚集了100多辆T-34/85。克尔纳率领坦克发起突袭，首先击毁了纵队首尾的2辆JS坦克，而剩余的JS坦克因为路边茂密树木的阻碍，难以旋转炮塔进行有效还击，3辆虎Ⅱ在几分钟内向惊慌失措的苏军坦克群全力倾泻炮弹，彻底将这支部队打垮了。各个车组都取得了极为可观的战果，克尔纳车组宣称击毁了39辆坦克，而哈雷尔（Harrer）军士长击毁了25辆。这些虎Ⅱ在补充弹药后，与其他坦克一道调往韦尔诺伊兴（Werneuchen）。

下午晚些时候，大约30辆T-34攻击了3辆虎Ⅱ，舍费尔中尉指挥1辆虎Ⅱ前往增援，使所有苏军坦克都失去了行动能力，随后用延时引信炮弹击退了苏军步兵的突击。日落后，更多的JS坦克发起突袭，虎Ⅱ借助照明弹的光亮给予痛击。随后，第503营撤回施特劳斯堡。当天正好是党卫军上士克尔纳的25岁生日，他在这一天将击杀记录提高到76辆。

1945年4月20日：第503营在施特劳斯堡外围击毁了数辆坦克，随后在阿尔特兰斯贝格（Altlandsberg）实施迟滞行动。克尔纳上士的座车出现故障，无法作战，只能更换坦克，他从舍费尔少尉那里领到一辆坦克，而舍费尔的座车正在柏林的克虏伯工厂内修理，直到下午才修复。当它归队后奉命与党卫军少尉法伊格（Feige）的坦克一道前往尼德申博豪森（Nieder Schönhausen），击退沿着R158号公路推进的苏军部队。迪尔斯下士的坦克在霍诺夫（Hönow）附近对坦克进行紧急维修，但在进行车内焊接作业时不慎起火，尽管成功灭火，但受到灭火剂的酸性物质影响，主炮瞄准镜和同轴机枪都无法使用。

1945年4月21日：第503营沿公路经马察恩（Marzahn）、利希特贝格（Lichtenberg）和比斯多夫（Biesdorf）向柏林撤退。克尔纳上士和法伊格少尉的坦克粉碎了苏军的一次坦克突击，击毁了15辆坦克，其中一部分是在极近的距离上摧毁的。随后他们撤往新克尔恩（Neukölln）的赫尔曼大街（Hermannstrafie），一发枪榴弹射入坦克指挥塔，打爆了法伊格少尉的头。314号坦克向克虏伯工厂前进。

1945年4月22日：第503营的坦克穿过柏林城区，途中击毁1辆ISU-122，部署在松内纳勒（Sonnenallee）的掩护阵地上，后来又转移至贝格街和里夏德大街。这些虎Ⅱ接到命令前出到贝利纳大街，夺回科佩尼克火车站，6辆虎Ⅱ与党卫军第33"查理曼大帝"掷弹兵师一道投入战斗。

1945年4月23日：当日清晨，克尔纳上士击毁了1辆JS坦克，因为视野受限，未能及时发现第二辆接近的JS坦克；最为令人惊奇的是，苏军坦克的炮弹正中虎Ⅱ的主炮，在炮管内爆炸，将主炮炸毁，装填手阵亡，但这辆虎Ⅱ并未被彻底摧毁，最后居然开回了维修连，但再未被修复。第503营保有坦克数量降至9辆。

314号虎Ⅱ在修复后奉命前往布里茨（Britz），在车长缺席的情况下驶向预定地点，在行军途中"髑髅"师的党卫军少尉加斯特（Gast）临时加入车组，担任车长。在布里茨没有发现敌情，这辆坦克于下午返回原驻地，接着又前往马林费尔德（Marienfelde）的防御阵地。

1945年4月24日：第503营剩余的坦克都散布在柏林周边地区，由本德尔下士指挥的虎Ⅱ部署在梅克伦堡舍大街（Mecklenburgische Strasse），在那里击毁了4辆坦克。党卫军下士特克（Turk）的坦克部署在施洛斯布吕克（Schlossbrücke）。加斯特少

第4章 武装党卫军第103/503重装甲营行动日志

尉指挥着孤单的314号坦克在新克尔恩的泰尔托运河桥（Teltow Canal Bridge）上击毁了1辆ISU-122，但车内通话系统失灵后，车长使用绳子向驾驶员下达指令。随后，这辆坦克被部署在松内纳勒，掩护附近运河上的桥梁，在阵地周围设置有反坦克障碍，在中午之前，第503营第3连的一名党卫军参谋军士给车组成员送来了最后一份口粮。中午时分，314号坦克奉命前往设在新克尔恩法院的指挥部，接到新的任务，前往中央邮局附近的阵地上实施防御。

1945年4月25日：本德尔下士的虎Ⅱ部署在黑尔大街（Heerstrasse）的火车站附近，但在中央邮局附近的战斗中被击毁，第503营保有坦克数量降至8辆。第503营的1辆虎Ⅱ配合党卫军第33师的部队从哈森海德区（Hasenheide）发起反击，击毁数辆敌军坦克，突破了苏军在里夏德大街建立的阻击阵地，随后在雅恩第三大街（Jahnstrasse 3）附近又击毁了3辆坦克，然后向赫蒂广场转移（Hertieplatz）。

1945年4月26日：加斯特少尉指挥的虎Ⅱ与党卫军第11装甲团和党卫军第33师的两个连从新克尔恩市政厅向贝利纳大街（Berliner Strasse）发起反击，与另一辆虎Ⅱ会合，它们在消耗了所有炮弹后接到返回赫尔曼广场（Hermannsplatz）的命令。加斯特少尉在离开坦克时受重伤。上述坦克在夜间开往波茨坦广场（Potsdamer Platz），炮长向设在波茨坦大街（Potsdamer Strasse）的营部报到，车长迪尔斯上士终于回归车组。

1945年4月27日：迪尔斯上士的坦克部署在中央地铁站附近的掩护阵地上，正对着贝勒 – 阿莱恩斯广场（Belle-Alliance-Platz），克尔纳上士换乘到阵亡的法伊格少尉的坦克上，与施罗德少尉的坦克一道部署在维尔默斯多夫（Wilmersdorf）和哈伦湖火车站（Halensee Railway Station），击毁2辆坦克。

1945年4月28日：苏军步兵在火焰喷射器分队的支援下，向路易森施塔特教堂（Luisenstadt Church）右翼的阵地发起攻击，但被德军击退，1辆虎Ⅱ支援党卫军第33师实施反击。舍费尔少尉和克尔纳上士奉命前往帝国总理府报到。

1945年4月29日：党卫军准将蒙克（Molmke）向第503营营长赫尔齐希少校、舍费尔少尉及克尔纳上士颁发了骑士十字勋章，同时获得勋章的布罗曼少尉缺席授勋仪式。

2辆坦克封锁了城市高速公路和库菲尔斯滕达姆（Kurfürstendamm）地区，其余坦克向柏林动物园集中。迪尔斯上士的坦克抵达波茨坦广场，向萨尔兰大街（Saarland Strasse）和安哈尔特火车站（Anhalter Railway Station）方向前进。特克下士的坦克在道路的另一侧，击毁了1辆ISU-122和数辆T-34。由施托尔策（Stolze）上士和本德尔下士指挥的2辆坦克在哈伦湖火车站附近作战。

1945年4月30日：施托尔策上士在哈伦湖火车站击毁了1辆坦克，迪尔斯上士接到无线电传达的命令,赶往帝国国会大厦,在那里击毁了大约30辆T-34坦克,特克下士的坦克留在波茨坦广场,在右侧履带损坏前击退了苏军的一次突击,之后被一辆"黑豹"抢修坦克拖回帝国总理府附近的阵地。大约三个小时后,这辆坦克修好了履带,前往萨尔兰大街,后来又部署在波茨坦广场地铁站的入口处,最后被遗弃在那里。第503营保有的坦克数量降至7辆。

1945年5月1日:在哈伦湖火车站附近至少5辆苏军坦克被虎Ⅱ击毁,迪尔斯上士的坦克奉命向克罗尔歌剧院方向前进。第503营残部奉戈培尔的命令,在弗里德里希大街火车站(Friedrichstrasse Railway Station)集结,然后经魏登达姆桥(Weidendammer Brücke)向奥拉宁堡(Oranienburg)突围,试图与施坦因纳战斗群(Kampfgruppe Steiner)会合,然后一道向石勒苏益格-荷尔斯泰因(Schleswig Holstein)转移,与加拿大军队取得联系!当晚21时,虎Ⅱ坦克在弗里德里希大街击毁了4辆坦克,克尔纳上士还查看了一辆被遗弃的"黑豹"坦克,并使它重新投入战斗。

1945年5月2日:在午夜时分,突围行动开始,虎Ⅱ坦克上载满了试图逃亡的人,其中包括一名高级官员,一位曾经当过戈培尔司机和副官的党卫军少尉认出他是帝国党务部长马丁·鲍曼(Martin Bormann)。在坦克经过一处十字路口时,从右侧射来猛烈的弹雨,所有坦克外的乘客都死伤殆尽。坦克继续前进,经苏黎世大街(Züricher Strasse)抵达舍奈豪泽林荫大道(Schönhauser Allee),但先头坦克在冲过一道反坦克路障后碾到一枚德制地雷而被炸瘫,被迫就地炸毁。特尔下士的坦克奉命经魏登达姆桥突围,但坦克弹药所剩无几,在一侧履带被打坏后只能被放弃。第503营保有坦克数量降至5辆。

2辆虎Ⅱ坦克试图从舒伦堡大桥(Schulenburger Brücke)突围,其中一辆属于第503营第1连的利珀特中尉,另一辆是第3连的舍费尔少尉,绝望的战斗继续进行。舍费尔的坦克在即将抵达黑尔大街时被苏军利用缴获的88毫米高射炮击毁,2人阵亡,舍费尔严重烧伤,利珀特的虎Ⅱ也被乘员遗弃。施托尔策上士指挥另外2辆虎Ⅱ徒劳地向施潘道尔大桥(Spandauer Brücke)突围,但没有成功,车组成员在夜间弃车而去。第503营仅剩1辆虎Ⅱ坦克可以作战了。

克尔纳上士指挥那辆"黑豹"经施塔肯(Staaken)向多伯里茨(Döberitz)前进,在那里击毁了封锁第五帝国大街(Reichs Strasse 5)的1辆JS坦克,之后又击毁2辆自行火炮。夜间,这辆"黑豹"引擎受损起火,被迫抛弃。第503营最后一辆虎Ⅱ在佩勒贝格(Perleberg)以南陷入松软的草地,无法自拔,只能被丢弃。

1945年5月3日:利珀特中尉阵亡。营长赫尔齐希少校率领的残余人员在凯钦(Ketzin)地区被苏军包围,大部被俘。

第 4 章　武装党卫军第 103/503 重装甲营行动日志

1945年5月9日：第503营在但泽地区作战的官兵在席费恩霍斯特（Schievenhorst）被俘。

战果统计

党卫军第103/503重装甲营自1945年1月在东线首次参战至1945年5月投降，总计击毁了超过500辆坦克和自行火炮，自身损失了39辆坦克。

党卫军第103/503重装甲营历任指挥官

党卫军少校佩奇（1943年7月1日至1944年2月4日）
党卫军少校莱纳（1944年2月4日至1945年1月18日）
党卫军少校赫尔齐希（1945年1月18日至5月8日）

党卫军第103/503重装甲营骑士十字勋章获得者

党卫军少校赫尔齐希	骑士十字勋章	1945年4月29日
党卫军少尉舍费尔	骑士十字勋章	1945年4月29日
党卫军少尉布罗曼	骑士十字勋章	1945年4月29日
党卫军上士克尔纳	骑士十字勋章	1945年4月29日

党卫军第103/503重装甲营虎式坦克王牌

党卫军上士克尔纳	100辆
党卫军少尉布罗曼	66辆

党卫军第103/503重装甲营虎Ⅰ/虎Ⅱ坦克接收及保有数量统计表

接收日期	虎Ⅰ坦克	虎Ⅱ坦克	保有数量	备 注
1944.2.4	6	—	6	后移交"髑髅"师
1944.5.24	6	—	6	后移交第301装甲营
1944.8.22	（4）	—	10	修复坦克，后移交第301装甲营
1944.10.19	—	4	4	
1944.12.27	—	6	10	由党卫军第502重装甲营移交
1945.1.11	—	6	16	
1945.1.12	—	3	19	
1945.1.16	—	3	22	
1945.1.18	—	4	26	
1945.1.25	—	13	39	
总计	0	39		

※ 原书统计如此，责编注。

党卫军第103/503重装甲营虎Ⅰ/虎Ⅱ坦克损失情况统计表

损失日期	损失数量	保有数量	备 注
1945.1.31	1	39	被坦克击毁
1945.2.9	3	36	1辆自毁、2辆被步兵击毁
1945.2.23	1	29	被击毁
1945.3.3	2	34	被己方乘员摧毁
1945.3.7	1	28	被击毁
1945.3.28	4	30	被遗弃
1945.4.5	15	13	损失原因不明
1945.4.18	1	12	被击毁
1945.4.19	1	11	被击毁
1945.4.23	1	10	被JS坦克击毁
1945.4.25	1	9	被击毁
1945.5.2	7	2	6辆自毁、1辆被缴获的88毫米炮击毁
1945.5	1	0	损失原因不明
总计	39		战损44%，自毁56%

※ 原书统计如此，责编注。

第 4 章　武装党卫军第 103/503 重装甲营行动日志

党卫军第 503 重装甲营编制序列（1945 年 1 月）

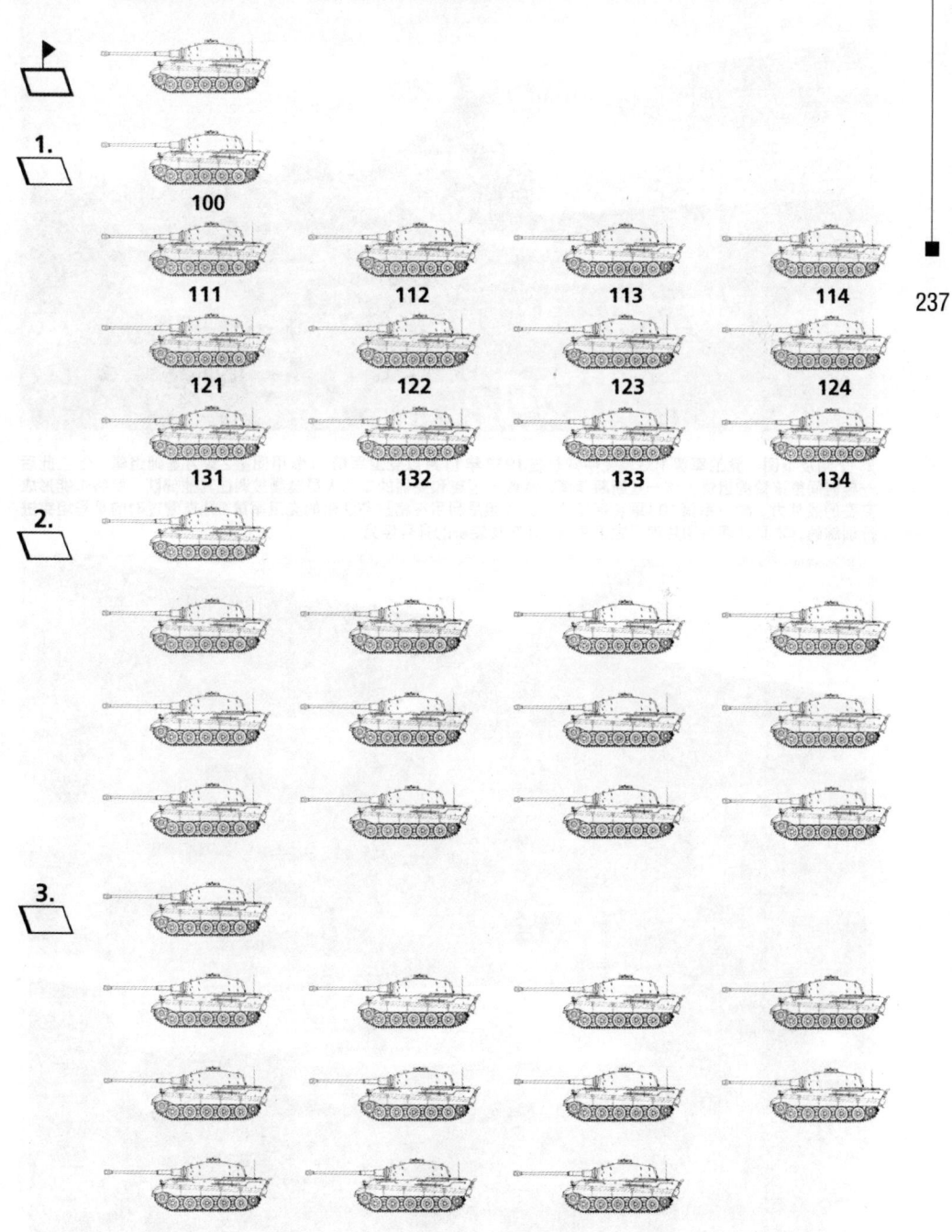

1.
100
111　112　113　114
121　122　123　124
131　132　133　134

2.

3.

虎式坦克 全景战史

※ 上图及下图　党卫军第103重装甲营是在1943年11月以党卫军第11装甲团第2营为基础组建，但在此后一年时间里该营的组建工作一直断断续续，接收的坦克和受训的车组人员屡屡被调往其他部队，始终未能形成完整的战斗力。党卫军第103重装甲营的坦克车组是利用在格拉芬沃尔的党卫军第1补充营过时的Ⅲ号坦克进行训练的，本页的两幅图片就是党卫军第1补充营装备的Ⅲ号坦克。

第4章 武装党卫军第103/503重装甲营行动日志

※ 上图 党卫军第103重装甲营的新兵们还利用早被一线部队淘汰的早期短身管型Ⅳ号坦克进行训练，这一做法不仅可以充分发挥老旧装备的余热，而且有助于节省车组成员在"黑豹"及虎式坦克上的训练时间，毕竟后两种主力车型数量较少，可用于训练的不多。

※ 下图 党卫军第103重装甲营的新兵们在进行野外无线电通信训练，有趣的是他们使用一辆小手推车运载收发报机，难道是为了节省车辆燃料？

虎式坦克 全景战史

※ 上图 党卫军第103重装甲营的前身党卫军第11装甲团第2营曾在1943年夏季短暂部署到克罗地亚，并参与解除一个意大利坦克团武装的行动，那些可以使用的意大利坦克被德军收缴，后来也被用于党卫军第103重装甲营的训练。

※ 下图 党卫军第103重装甲营运输分队的一名汽车兵在完成训练后在对卡车进行清洗保养，注意这辆柴油动力卡车的车身上已经涂以条纹迷彩。

第4章 武装党卫军第103/503重装甲营行动日志

※ 上图及下图　1944年1月底，党卫军第103重装甲营的一个装备接收分队前往柯尼斯伯恩，在那里接收了6辆虎式坦克。从上图中判断，平板货车上的这辆坦克是采用新型指挥塔，使用旧式负重轮的中期型坦克。

虎式坦克 全景战史

※ 上图　1944年2月初交付党卫军第103重装甲营的首批虎式坦克中的一辆从车棚中驶出，摄于1944年春季，这是一辆敷设了防磁涂层的后期型虎式。

※ 下图　这幅照片拍摄于1944年4月间，驻荷兰兹沃勒训练场的党卫军第103重装甲营的车组成员在进行坦克装载及卸载训练，注意坦克履带下铺垫了一些干草捆，此时第103营的坦克除了车体侧面的铁十字标志外没有任何编号。

第4章 武装党卫军第103/503重装甲营行动日志

※ 上图及下图　1944年初夏，党卫军第103重装甲营的6辆虎式坦克被移交党卫军"髑髅"师重装甲连，在同年5月下旬得到第二批6辆虎式坦克之前，该营只能使用3辆Ⅰ号C型轻型坦克进行训练，这种坦克是在Ⅰ号坦克基础上研制的轻型侦察坦克，采用交错负重轮设计，时速可达65千米/时，产量仅为40辆。这种少见且十分小巧的装甲车辆引起了驻训官兵的极大兴趣，在下图中几名陆军及党卫军军官在参观Ⅰ号C型坦克，包括训练场指挥官冯·科彭贝格上校（左二），党卫军少校哈特兰普夫（左三）和菲格少尉（左四）。

虎式坦克 全景战史

※ 上图及下图　1944年5月下旬，党卫军第103重装甲营再次得到6辆虎式坦克用于训练，该营的三个坦克连各自分配到2辆坦克。图为1944年夏季该营的虎式坦克在荷兰兹沃勒训练场上进行主炮射击训练，从图中可以看到第103营的虎式坦克采用了一种非常奇特的三色迷彩涂装，在车体侧面有铁十字标志，但没有任何其他标志和编号，因为该营尚未组成完整的编制。

第 4 章 武装党卫军第 103/503 重装甲营行动日志

※ 上图及下图 1944年夏季，党卫军第103重装甲营的虎式坦克在荷兰兹沃勒训练场进行越野行驶训练（上图）以及编队机动训练（下图），这些训练的主要目的是让车组成员掌握野外驾驶技巧，学会在机动过程中有效地利用地形并保持编队车距。该营的虎式坦克采用非主流的迷彩涂装，没有装载高射机枪，这说明在1944年夏季在荷兰地区盟军的空中威胁尚不严重。当时第103营严重缺乏车辆装备，除了6辆训练用的虎式坦克外，只有数辆桶车而已。

虎式坦克 全景战史

※ 左图 党卫军第103重装甲营的虎式坦克与步兵分队一道进行野战演习，步坦协同也是该营训练的重要科目之一，图中步兵正在演练在坦克掩护下进行排雷作业。

※ 左图 党卫军第103重装甲营的一辆虎式坦克在训练间歇略作休息，从这幅照片中可以辨别出这辆坦克是一辆后期型虎式。

※ 下图 党卫军第103重装甲营的一辆虎式坦克进行野外高速机动训练，别看虎式坦克重达56吨，但越野速度并不慢，在平坦地形上可以达到30千米/时的冲刺速度。

第 4 章　武装党卫军第 103/503 重装甲营行动日志

※ 上图及下图　1944年夏季，党卫军第103重装甲营用于训练的6辆虎式坦克中的一辆（上图），拍摄于训练间歇的休息时间，下图是一大群第103营的坦克兵们聚集在一辆虎式坦克上合影，注意他们大多穿着党卫军迷彩作训服，头戴黑色船形帽。

虎式坦克 全景战史

248

※ 上图及下图　1944年夏季，党卫军第103重装甲营的虎式坦克在荷兰进行训练时的两幅照片，但是该营从未使用虎Ⅰ坦克出现在战场上。

第 4 章　武装党卫军第 103/503 重装甲营行动日志

※ 上图　1944年夏季，党卫军第103重装甲营的虎式坦克在结束一天的训练后沿着一条林荫道返回营地，不少士兵直接搭虎式坦克的顺风车。

※ 下图　党卫军第103重装甲营装备的一辆水陆两用轻型汽车，背景中还有一辆虎式坦克，同样摄于1944年夏季荷兰的野外训练场。

※ 上图 1944年夏季,党卫军第103重装甲营的虎式坦克在荷兰训练期间留下的一张很有气势的照片,可以比较清晰地观察到其独特的迷彩图案。

※ 下图 1944年5月中旬,党卫军第103重装甲营的部分受训车组被调往党卫军第101、102重装甲营,以便使这两个兄弟单位的作战力量得到充实,更快地形成战斗力,但这也意味着第103营需要更长的时间重新训练一批车组成员,图为来自第103营的坦克兵在调入第102营后在142号虎式坦克上合影。

第 4 章 武装党卫军第 103/503 重装甲营行动日志

※ 上图 1944年夏季，哈特兰普夫少校（右一）曾短期代理党卫军第103重装甲营营长，后于同年8月调任党卫军第102重装甲营营长，图为哈特兰普夫在指导官兵进行一次防化训练，注意图片中央两名士兵胸前挂着防毒面具筒。

※ 上图 1944年夏季，党卫军第103重装甲营在举行一次野战演习前，营长哈特兰普夫少校召集下属军官在一辆虎式坦克上开会，交代演习事项。

虎式坦克 全景战史

※ 上图　党卫军第103重装甲营的一个虎式坦克车组在座车前列队待命，摄于1944年夏季在荷兰训练期间。

※ 上图　党卫军第103重装甲营在其组建期间一直十分缺乏车辆，为了弥补装备的不足，之前从克罗地亚缴获的意大利车辆被该营官兵用于日常勤务，图为该营的一位上士在一辆意制轿车前留影。

第 4 章　武装党卫军第 103/503 重装甲营行动日志

※ 上图　除了缴获的意大利车辆外，党卫军第 103 重装甲营也配属了一些德制标准车辆，比如照片中这辆在两名军士身后的桶车。

虎式坦克 全景战史

※ 上图及下图　1944年8月22日，党卫军第103重装甲营又在马格德堡接收了4辆经过工厂翻修的虎式坦克，使全营坦克数量增加到10辆。本页的两幅照片就是第103营装备接收分队的官兵在马格德堡火车站等待发车期间与当地美女的合影，无论在什么地方，美女总是会受到坦克兵们的欢迎。

第4章 武装党卫军第103/503重装甲营行动日志

※ 上图 党卫军第103重装甲营在1944年5月初奉命将用于训练的6辆虎式坦克移交"髑髅"师重装甲连,这幅照片就是在虎式坦克启运时该营3名士兵在坦克前的留影,注意他们身后的坦克已经拆掉外侧负重轮,并更换了窄幅履带。

※ 左图 党卫军第103重装甲营的一个车组在虎式坦克前的留影,这辆坦克属于8月22日从马格德堡接收的4辆虎式之一,但是没过多久,第103营就奉命将全部10辆坦克移交第301(遥控爆破)装甲营,再度成为一支没有坦克的重装甲营。

虎式坦克 全景战史

※ 上图　党卫军第103重装甲营在交出全部坦克后于1944年9月调回德国国内，在森讷训练场接受换装虎Ⅱ坦克的训练，并在10月间接收了第一批4辆虎Ⅱ坦克，同年11月该营番号变更为党卫军第503重装甲营，图为第103营的虎Ⅱ坦克在进行弹药补给。

第4章 武装党卫军第103/503重装甲营行动日志

※ 上图 党卫军第103重装甲营的一辆虎Ⅱ坦克在更换负重轮，炮塔侧面的备用履带挂钩上空空如也，表明备用履带可能已经被用于替换受损的履带了，注意无论炮塔还是车体上都没有任何标志和编号。

※ 上图 虎Ⅱ坦克的主动轮是一个很容易损坏的部件，图中这辆党卫军第503重装甲营的虎Ⅱ坦克在经历了初次战斗后不久即需要更换主动轮。

虎式坦克 全景战史

※ 上图　1945年1月底，党卫军第503重装甲营被调往东线，在经过近两年的组建后终于迎来了真正的战斗。2月4日，该营在阿恩斯瓦尔德附近作战时由布罗曼少尉指挥的一辆虎Ⅱ坦克遭反坦克炮攻击失去行动能力，于夜间被拖回己方阵地，图中这辆虎Ⅱ坦克就是布罗曼少尉的座车，背景中的建筑物是被炮火毁坏的阿恩斯瓦尔德教堂。

第 4 章　武装党卫军第 103/503 重装甲营行动日志

※ 本页组图　1945年2月底，党卫军第503重装甲营在经历了阿恩斯瓦尔德地区的成功防御作战后举行授勋仪式，营长赫尔齐希少校（下图）向战斗中表现出色的车组成员颁发二级和一级铁十字勋章，注意背景中的两辆虎Ⅱ坦克的炮管上已经绘有数量可观的击杀标志，可见第503重装甲营在初次战斗中就获得了丰厚的战果。

虎式坦克 全景战史

※ 上图 在东线战场上伪装对于虎Ⅱ坦克同样十分重要，党卫军第503重装甲营的这辆虎Ⅱ坦克就提供了一个战地伪装的出色范例，茂密的松枝几乎完全遮蔽了坦克的外形，如果仔细观察会发现在炮塔的炮手瞄准镜观察孔上装有一个半圆形遮光罩，可能是车组成员自行加装的。

※ 左图 党卫军第503重装甲营的部分兵力在但泽地区作战，在失去所有坦克后于1945年4月乘船从海路撤退到斯维内明德，这幅照片就是航渡途中该营第2连部分士兵在船上的留影，看来他们都对暂时脱离困境感到高兴。

第 4 章 武装党卫军第 103/503 重装甲营行动日志

※ 上图 1945年3月间，党卫军第503重装甲营的布罗曼少尉站在一辆虎Ⅱ坦克上与连技术军士伯德上士交谈，可见布罗曼少尉在战斗中负了伤，头上还缠着绷带。这幅图片显示出一个值得注意的细节，就是虎Ⅱ坦克车体前部的挂环上已经连接了拖曳挂钩，便于在战斗中受损时进行拖曳。

虎式坦克 全景战史

※ 上图 1945年3月间在但泽地区战损的虎Ⅱ坦克,属于党卫军第503重装甲营,从照片中可以看到,这辆坦克明显陷入一个巨大的弹坑而无力自拔。

※ 下图 党卫军第503重装甲营的最后10辆虎Ⅱ坦克参加了1945年4月的柏林保卫战,图中这辆虎Ⅱ坦克是由该营特克下士指挥的,在经历了艰难的战斗后,于4月30日被遗弃在波茨坦广场地铁站入口处。

第 5 章 其他虎式坦克作战单位的行动日志

在二战期间，虎式重型坦克除了成建制地装备营连级作战部队外，还有少数坦克配属于其他后方单位，比如装甲兵学校、后方训练补充单位等，此外在某些情况下少量虎式坦克也会临时配属于个别前线部队，或者编入小型作战部队中，这种情况在战争末期的混乱战局中是经常出现的。要完全弄清上述小型单位中虎式坦克的作战行动是极为困难的，本章节在资料收集范围内对德国军队中曾经装备过虎式坦克的后方单位及临时单位做了简要介绍。

贝尔根装甲兵学校

在1945年3月间，一个装备数十辆各型装甲车辆的装甲教导营被调往贝尔根（Bergen），用于组建一所临时的装甲兵学校，而在战争的最后几周时间里，这些车辆就被部署在学校周围从事防御作战，其中包括6辆虎Ⅰ坦克、11辆"黑豹"坦克、29辆Ⅳ号坦克和12辆突击炮/坦克歼击车，上述装备原本是根据1945年3月24日的命令配发给"图林根"装甲训练队的，但西线装甲集群司令后来取消了这项命令。贝尔根装甲兵学校的虎式坦克后来编成"费尔曼"虎式战斗群，与舒尔策战斗群一起作战（详见后文）。另外2辆虎式在1945年4月间配属于第2海军步兵师，编入由格罗尚（Grosan）上校指挥的战斗群，与其他少数装甲车辆和反坦克炮组成一个混编连，该连的装备包括2辆虎式、1辆"黑豹"、2辆突击炮和6门Pak 40型75毫米反坦克炮。

1945年4月11日：格罗尚战斗群在恩格尔豪森（Engehausen）附近与苏军交战，击毁了数门反坦克炮，苏军试图从哈姆斯托夫（Hademstorf）向奥斯滕霍尔茨

（Ostenholz）方向突破德军防线的行动由于此次战斗而推迟了两天。

1945年4月15日：格罗尚战斗群奉命经奥斯滕霍尔茨、贝尔根、阿赫特贝格（Achterberg）、特滕多夫（Tetendorf）调往佐尔陶（Soltau），加强当地的防御力量，途中2辆虎式中的1辆因缺乏燃油被留在巴塞尔（Bassel），作为固定火力点使用。"黑豹"坦克和突击炮部署在阿尔夫滕（Ahlften）方向，掩护侧翼，另一辆虎式则与反坦克炮在沃尔特丁根（Wolterdingen）西侧外围建立防御阵地。

1945年4月16日：格罗尚战斗群在佐尔陶周边与英军部队发生交火，在察觉当地有德军装甲部队存在后，英军试图绕道迂回。

1945年4月17日：英军第8装甲侦察营企图从佐尔陶以东迂回，但其前锋部队遭到虎式的截击，退回了巴塞尔，同时英军对沃尔特丁根的突击也被虎式击退。

1945年4月18日：格罗尚战斗群唯一能行动的虎式奉命调往比斯平根（Bispingen）外围，与英军第7装甲师交战，击毁了数辆侦察车，最后由于机械故障而被遗弃。

"克劳塞维茨"装甲师

1945年4月上旬，"克劳塞维茨"装甲师在吕讷堡－劳恩堡地区（Lüneburg-Lauenburg）组建，该师是由前"荷尔施泰因"装甲师的师部、第106"统帅堂"装甲旅残部、"统帅堂"补充旅以及来自希特勒青年团的志愿者组成的大杂烩，尽管直到战争结束也未能完成组建，但该师的部分单位仍在战争最后阶段与盟军的作战中表现出色。"克劳塞维茨"装甲师的主要战斗力量是第106"克劳塞维茨"装甲团，和战争末期临时组建的其他部队一样，该团的装备都是四处拼凑的，可以确认的是其中包括数量不明的虎式坦克。在4月中旬，由普特洛斯炮术学校装甲教导队构成的一支战斗群在冯·本宁森（von Benningsen）少校带领下加入"克劳塞维茨"装甲师，很可能也配备了少数原用于训练的虎式坦克。

1945年4月13日："克劳塞维茨"师在于尔岑－维尔森（Uelzen-Verssen）以南遭遇英军第15苏格兰师，击毁数辆英军坦克，随后就地反击，配合师属装甲掷弹兵营迂回苏格兰师，给对手造成惨重伤亡。

1945年4月14日："克劳塞维茨"师接到任务，经黑尔姆施泰特（Helmstedt）向南进入哈尔茨山区，其最终目的是加入温克（Wenck）将军的部队，救援被围的柏林。

1945年4月15日：该师的1辆虎式在内特尔坎普（Nettelkamp）重创英军部队。

第 5 章　其他虎式坦克作战单位的行动日志

1945年4月16日：冯·本宁森战斗群加入"克劳塞维茨"装甲师。

1945年4月18日：当天午夜，本宁森战斗群夺取了维廷根（Wittingen）东北12公里的森林地带。

1945年4月19日：在夜间行军中，本宁森战斗群在哈塞尔霍斯特（Hasselhorst）以南与正向林德霍夫（Lindhof）前进的师主力失去联系，但在无意间遭遇了一支美军阻击部队，并将其消灭。由装甲兵上将德克尔（Decker）指挥的第39装甲军集中了所有的装甲车辆，向苏德维丁根（Suderwittingen）推进，以逃脱美军的包围，在傍晚时分抵达埃拉－莱辛（Ehra-Lessien）附近的树林。

1945年4月20日：德军准备进攻法勒斯尔本（Fallersleben）附近的威悉河－易北河运河（Weser–Elbe Canal）上唯一完好的桥梁。

1945年4月21日：当天凌晨，德军控制了吉夫霍恩（Gifhorn）和布勒默（Brome）之间的公路，伏击了一支美军补给车队，然后利用缴获的美军卡车为掩护，打开车灯明目张胆地沿公路向目标前进，途中还穿过一支美军纵队，居然没有被发觉，一些指挥交通的美军士兵还向德军车队挥手致意。德军装甲部队接近运河桥后遭遇一个反坦克炮阵地，先头坦克被击毁，2辆装备了红外线探照灯的"黑豹"摧毁了这处阵地，并夺取了桥梁。1辆虎式在法勒斯尔本触雷，失去行动能力。"克劳塞维茨"师的最后一批坦克向埃门（Ehmen）突击，消灭了一个正在加油的美军坦克连，随后经德泰特（Destedt）向埃尔姆山（Elm Mountains）前进，最后因为燃料耗尽，装甲战斗群就地解散。

1945年4月19日：一辆归属单位不明的虎式坦克单独在劳恩堡以南阻击向萨森多夫（Sassendorf）前进的英军第3皇家坦克团。

1945年5月1日：这辆虎式坦克又在施瓦岑比克（Schwarzenbek）东北部再度挡住了第3皇家坦克团的去路，在被击中损毁前至少报销了2辆英军坦克。

"费尔曼"虎式战斗群

装甲教导师在法林博斯特尔完成组建后，仍有一个后备指挥部留在厄布克兵营（Camp Oerbke），由舒尔策（Schulze）少校领导。1945年4月，以这个指挥部为基础，利用贝尔根装甲兵学校的装备组建了舒尔策战斗群，奉命与在鲁尔陷入包围的装甲教导师主力取得联系。舒尔策战斗群的装备包括5辆"黑豹"和6辆虎Ⅰ坦克，其中后者由费尔曼中尉指挥，也就是"费尔曼"虎式战斗群，该部的虎式均采用独特的车辆编号，以大号字母F（来自指挥官姓名的首字母）和数字1、2、3、4、5和13组成。

1945年4月6日：舒尔策战斗群向威悉河方向前进，抵达艾勒河畔（Ailer River）的达雷滕姆（Rethem），1辆虎式因传动系统故障而抛锚。

1945年4月7日：舒尔策战斗群途经宁堡（Nienburg），一个轻步兵连在施托尔策瑙（Stolzenau）附近加入战斗群。

1945年4月8日：舒尔策战斗群部署在绍姆布格尔森林（Schaumburger Forest）东北边缘的兰韦尔（Landwehr）。

1945年4月9日：舒尔策战斗群的"黑豹"坦克群向维特斯海姆（Wietersheim）突击，但只有一辆坦克搭载着战斗群指挥官从战斗中幸存，此时舒尔策少校没有意识到自己的部队已经处在战线后方敌占区大约30公里处。费尔曼中尉的虎式坦克随即发起进攻，F02号坦克的炮塔在弗里（Frille）西部外围被英军的反坦克火箭筒命中，打在火炮防盾上，主炮仰俯机构和排烟装置损坏，后面跟进的2辆虎式继续推进，俘虏了大约30名英国伞兵。弗兰岑（Franzen）下士指挥损坏的F02号虎式返回法林博斯特尔，更换了一个新的防盾，并修复了受损装备。

1945年4月11日：费尔曼战斗群余下的5辆虎式继续向敌军控制区域挺进，远至比克堡（Bückeburg），为了躲避美军大部队，战斗群选择林中小路前进，途中2辆虎式抛锚，1辆"黑豹"试图施以援手，结果自己也陷住，无法移动，最后3辆坦克只能炸毁，包括费尔曼中尉在内的车组成员步行几公里后被美军俘获。其余2辆虎式在阿舒姆（Achum）附近遭遇数辆美军坦克，贝洛夫（Bellof）上士的F13号虎式被击毁，车组无一幸存。舒尔策少校指挥的F05号虎式击毁了3辆"谢尔曼"和1辆装甲车。尽管被击中三次，这辆虎式还是设法摆脱了优势敌军的追逐，并在文特哈根（Wendthagen）俘获了一辆美军运油卡车，得到了宝贵的燃料补给。舒尔策少校利用一张缴获的美军地图规划了行军路线，连夜通过了劳恩瑙（Lauenau）附近的奥托班大桥（Autobahn bridge）。

1945年4月12日：当天凌晨，F05号虎式越过了被美军占领的宁施泰特（Nienstedt），当时车组成员大胆地打开车灯，沿着公路前进，竟然迷惑了在路口警戒的美军宪兵，一个美国大兵甚至向他们友好地挥手。虎式坦克在一处高地前遭遇一支美军车队，在一辆装甲车和一辆同行的"谢尔曼"坦克被88毫米炮弹击毁后，这队美军果断举手投降了，舒尔策少校一行还解救了关在附近谷仓内的大约200名德军士兵，之后带上两辆缴获的美军卡车继续行军。

1945年4月13日：当日拂晓，舒尔策少校注意到在埃格斯托夫（Egestorf）有一

第 5 章　其他虎式坦克作战单位的行动日志

个美军大型指挥所，决定加以摧毁。这辆虎式单枪匹马向美军指挥所所在高地的东北角前进，但是在到达射击位置之前燃料告罄，舒尔策少校只能放弃行动，炸毁了坦克，并解散了战斗群。

1945年4月10日：返回法林博斯特尔的F02号坦克在修复后接到命令，向驻奥斯滕霍尔茨的格罗尚战斗群报到。

1945年4月12日：F02号虎式奉命向南前进，参加对埃塞尔（Essel）附近英军桥头堡阵地的反击，击毁了2辆"彗星"、1辆半履带装甲车和1辆侦察车，随后向森林北部边缘撤退。

1945年4月13日：F02号虎式从奥斯滕霍尔茨向南转移，在没有步兵伴随的情况下沿着德雷伯溪（Drebber Creek）前进，被英军第3皇家坦克团A连的一辆"彗星"击毁，英军坦克在60米距离上向虎式开火，车组成员弃车，徒步向奥斯滕霍尔茨撤退。

"赫尔曼·戈林"伞兵装甲军

1945年3月15日：德国空军的"赫尔曼·戈林"伞兵装甲军得到一辆虎式坦克，但不能立即投入战斗。

1945年4月10日：伞兵装甲军拥有2辆虎式，1辆可以作战。

1945年4月15日：伞兵装甲军拥有3辆虎式。

1945年4月17日：当天上午，伞兵部队的3辆虎式进攻新克劳察（Neu Krauscha），1辆虎式被反坦克炮击毁。傍晚，德军再次进攻，夺取了城镇，击毁2门反坦克炮和5辆坦克。

1945年4月18日：伞兵装甲军的虎式坦克在新克劳察附近执行掩护任务。

1945年4月19日："赫尔曼·戈林"伞兵装甲团最后一批具备作战能力的坦克（包括17辆"黑豹"、2辆虎式和4辆自行高炮）在瓦尔豪瑟（Wallhäusser）中尉指挥下在埃伯斯巴赫（Ebersbach）集结，随后穿过科德斯多夫（Koderdorf）向西推进，途经海德山（Heide Hill），沿着通往弗赖许茨（Freischütz）的公路前进。在科德斯多夫附近，伞兵装甲战斗群与波兰第2集团军的坦克部队遭遇，德军坦克在短时间内击毁了43辆坦克，并缴获了20余辆完好的坦克。

1945年4月20日：伞兵装甲军建制内的虎式坦克数量增加到12辆。

1945年4月25日：伞兵装甲军沿着蒂博尔（Ratibor）至霍尔察（Holscha）的铁路

线发起进攻。

1945年4月29日：伞兵装甲军与苏军脱离战斗，其编有的虎式坦克在包岑（Bautzen）装上火车，运往德累斯顿，最后结局不明。

库默尔斯多夫装甲连

1945年3月31日，在陆军库默尔斯多夫训练场内组建了一个后备营，编有一个混成装甲连，下辖三个排，其装备来自当地陆军武器试验场的测试车辆，型号繁杂，其中包括1辆虎Ⅱ、1辆"猎虎"、4辆"黑豹"、2辆Ⅳ号坦克、1辆Ⅲ号坦克、1辆"犀牛"坦克歼击车、1辆"野蜂"自行火炮、2辆"谢尔曼"和1辆装备70倍径88毫米炮的波尔舍型虎式坦克（无法行动）。装甲连于4月19日向卢豪（Luchau）前进，进而在4月21日与后备营的其他部队一道被配属于默夫斯战斗群（Kampfgruppe Mows）。

"库尔马克"装甲掷弹兵师

1945年1月26日，以"大德意志"装甲掷弹兵补充旅为基础组建了由朗凯特（Langkeit）上校指挥的战斗群，其装备大多是之前的训练车辆，其中包括2辆磨损严重的虎Ⅰ坦克，战斗群奉命在科特布斯集结，开赴奥得河前线。

1945年1月30日：朗凯特战斗群在新比绍塞（Neu Bischofsee）西南地区进行防御战。

1945年2月1日：以朗凯特战斗群为基础组建了新的"库尔马克"装甲掷弹兵师。

1945年2月3日：朗凯特战斗群首次试图从库内尔多夫（Kunersdorf）突入新比绍塞包围圈，但遭到失败，在一个装备"追猎者"歼击车的反坦克连加入后，战斗群再次发起攻击。

1945年2月5日：朗凯特战斗群部署在赖特韦恩（Reitwein）以西的防御阵地上。

1945年2月6日：转移至拉茨奥克－赫策斯霍夫（Rathsiock-Herzershof）地区，与运动到新曼彻诺夫（Neu Manchnow）的苏军部队遭遇。

1945年2月7日：苏军沿着波德尔齐格（Podelzig）至赖特韦恩的公路实施突破，但被德军挫败。

1945年2月10日："库尔马克"师的坦克经多尔格林和卡尔齐格（Carzig）调往波德尔齐格，于下午5时奉命支援波茨坦军事学院的官兵进攻赖特韦恩高地，但在日

第 5 章　其他虎式坦克作战单位的行动日志

落后停止了所有进攻行动。在"库尔马克"师的装甲支援下，德军击退了苏军对波德尔齐格的反击，师属装甲团第2营在随后数天里一直驻守在萨克森多夫（Sachsendorf）地区。

1945年2月15日至17日：两个班的装甲掷弹兵协同一辆虎式奉命守卫莱布斯（Lebus）和克勒辛（Klessin）之间的防线间隙，这辆虎式仅有10发主炮炮弹，但机枪子弹充足，他们利用路堤构筑阵地，顶住了优势敌军的攻击。

1945年2月18日：韦茨拉尔战斗群（Kampfgruppe Wetzlar）在波德尔齐格至莱布斯公路两侧向苏军桥头堡阵地实施反击，"库尔马克"师奉命支援此次行动，该师坦克部署在公路东侧，遭遇一个强大的反坦克阵地，随后取消了攻击。所有坦克转移到阿尔特齐施多夫（Altzeschdorf），作为师预备队。

1945年2月22日：师属装甲集群在许弗格伦德（Schüfergrund）以西集结，准备对莱布斯发起另一次进攻，在次日凌晨夺取西奇尔格伦德（Sichelgrund）南部地区。

1945年2月23日："库尔马克"师从哈肯格伦德（Hakengrund）北部向55高地发起进攻，未能成功，坦克撤退。

1945年3月1日："库尔马克"师仅有一辆虎式可以作战。

1945年3月2日："库尔马克"师在萨克森多夫地区集结，向突破雷特施托克（Rathstock）附近德军防线的苏军部队实施反击，包围并消灭了突入雷特施托克西面的苏军，随后返回集结地域。

1945年3月15日：该师仅有一辆虎式可以作战，参与了解救克勒辛的行动，但没有取得成功，击毁5辆苏军坦克。

1945年3月20日：成功解除了苏军对克勒辛的包围，但波德尔齐格仍然被苏军占领。

1945年3月30日：进攻萨克森多夫，击毁55辆坦克，随后全师被替换，作为预备部队部署在法尔肯哈根森林（Falkenhagen Forest）。

1945年4月1日：可用的虎式坦克数量仅为1辆。

1945年4月6日：仅有1辆虎式做好了战斗准备。

1945年4月8日：全师没有可以作战的虎式坦克。

1945年4月16日：数辆部署在多尔林格的坦克持续遭到炮击。

1945年4月18日："库尔马克"师被部署在迪德斯多夫（Diedersdorf）和新滕佩尔（Neuentempel）之间的阻击阵地上。

1945年4月19日：全师撤往弗尔辛瓦尔德（Fürsienwalde）东南地区。

1945年4月20日至25日：部署在巴德萨罗夫（Bad Saarow）附近的防御阵地上。

1945年4月25日:"库尔马克"师渡过奥托班河,向凯特申多夫(Ketschendorf)方向实施突击,最后在哈尔伯(Halbe)陷入包围,全军覆灭。

"库默尔斯多夫/慕赫堡"装甲营

1942年2月初,以库默尔斯多夫陆军武器试验场的装甲测试教导队为基础组建了"库默尔斯多夫"装甲营,下辖两个装甲连,最初准备配属于"于特博格"装甲师战斗群。

1945年2月25日:"库默尔斯多夫"装甲营辖有的战斗车辆包括4辆虎Ⅱ、1辆虎Ⅰ和1辆"猎虎",此外还有5辆在维修厂翻修完毕的虎Ⅰ正在运输途中。

1945年3月5日:在2月间组建的"慕赫堡"装甲旅准备扩编为装甲师,其装甲团包括"慕赫堡"装甲营、第29装甲团第1营和"库默尔斯多夫"装甲营,装甲团团部人员来自"科堡"特种装甲团。

1945年3月14日:"库默尔斯多夫"装甲营并入"慕赫堡"装甲营,营内编成三个连,第1连装备11辆Ⅳ号坦克,第2连装备10辆"黑豹",第3连装备11辆虎Ⅰ/虎Ⅱ。

1945年3月15日:装甲营可用的虎式坦克数量为8辆,有1辆虎式接受小修,2辆虎式在进行大修,另有1辆虎式正在运输途中。

1945年3月17日:"慕赫堡"装甲营集合部队,准备发起攻击,参与屈斯特林的解围行动。

1945年3月22日:苏军在90分钟的炮火准备后发起攻击,在1号帝国高速公路以南向图切班德(Tucheband)推进,与"慕赫堡"装甲营第1连遭遇,而在1号帝国高速公路以北,苏军在戈尔加斯特(Gorgast)与"慕赫堡"装甲营第2连相遇,而该营第3连在戈尔措(Golzow)担任预备队,因为后方地域遭到炮击,该连的虎式坦克未能及时投入战斗,但还是击毁了数辆苏军坦克。

1945年3月27日:"慕赫堡"装甲营仅有2辆虎式坦克具备作战能力,5辆在接受小修,2辆正在大修。

1945年4月5日:"慕赫堡"装甲营的虎式坦克数量增加到13辆,其中9辆可以作战。

1945年4月6日:该营可用的虎式坦克数量为7辆。

1945年4月10日:该营可用的虎式坦克数量为9辆。

第 5 章　其他虎式坦克作战单位的行动日志

1945年4月14日至17日："慕赫堡"装甲营部署在慕赫堡附近的阻击阵地中，随后又调往泽洛地区（Seelow）实施防御，在"哈登贝格"阵地（Hardenberg Position）进行了防御战之后，全营向柏林撤退。

1945年4月15日：该营可用的虎式坦克数量为10辆，另有1辆虎式正在运输途中。

1945年5月1日："慕赫堡"装甲营的最后5辆坦克出现在柏林动物园附近的防空塔周边，该营最后一批成建制的部队也在那里被消灭，大部分坦克车组最后都作为步兵进行战斗，最后一辆虎式坦克被丢弃在距离勃兰登堡门前约几百米的街道旁。

北方装甲战斗群

1945年初，德军开始将后方训练单位的兵力装备编成后备部队，加强一线作战力量，在这一背景下，装甲兵总监在1945年2月13日下达命令，利用贝尔根装甲兵学校和普特洛斯炮术学校的人员和装备组建北方装甲战斗群。该战斗群的指挥部在贝尔根成立，编有一个通讯排（2辆Ⅲ号指挥坦克）、一个工兵排、一个摩托车侦察排、一个装甲侦察排（装备7辆Sd.Kfz. 250/1型装甲车）、一个火力侦察排（装备6辆Sd.Kfz. 234/4型75毫米自行反坦克炮）和一个防空排（装备7辆Ⅳ号自行高炮，其中3辆装备四联装20毫米炮，4辆装备单装37毫米炮）。

北方装甲战斗群的装甲营编有一个营部、一个混成装甲连（装备10辆"黑豹"和6辆虎式）、一个轻装甲连（装备22辆Ⅳ号坦克）、一个突击炮连（装备9辆Ⅲ号突击炮和5辆Ⅳ号坦克歼击车）。这些装甲车辆均来自贝尔根地区的各训练学校。装甲营的作战力量还包括来自普特洛斯炮术学校的一个混成装甲连，装备13辆"黑豹"和虎式，还有一个轻装甲连，装备15辆Ⅳ号坦克和Ⅳ号坦克歼击车。

北方装甲战斗群的装甲掷弹兵营下辖一个营部（配备2辆轮式装甲车）、两个掷弹兵连（无车辆）和一个重火力连（配备卡车）。重火力连装备了1门150毫米步兵炮、2门105毫米步兵炮、2门重型迫击炮和3挺重机枪。上述装备都来自贝尔根装甲兵学校。普特洛斯炮术学校则提供了另一个装甲掷弹兵营，该营编有2辆轮式装甲车、3辆装备75毫米炮的轮式装甲车、2辆配备81毫米迫击炮的轮式装甲车和3辆配备重机枪的轮式装甲车。

根据总参谋长古德里安大将的建议，元首大本营下令中止了北方装甲战斗群的组建工作，而原计划配备给该战斗群的人员和装备被用于贝尔根地区的防御作战或是调拨给"克劳塞维茨"装甲师。

帕德博恩装甲连

1944年10月21日，驻帕德博恩的第500装甲补充训练营接到命令，组建一个快速反应战斗群，部署到亚琛地区，由此建立一个连级规模的装甲战斗群，即帕德博恩装甲连。但是，关于这支部队的兵力和编成缺乏详细的资料，最初命令中提及的15辆虎式坦克实际上并未交付。根据部分资料可以大致确认帕德博恩装甲连拥有3辆虎Ⅰ坦克和2辆Ⅳ号坦克，很可能是其全部战斗力量。该连坦克的战术标志相当古怪，采用R字母开头加单位数字构成，虎式坦克的编号为R3、R4和R7，Ⅳ号坦克的编号为R5和R6。帕德博恩装甲连的部分兵力在1944年11月间参与一线作战，其无更多的细节信息，最后结局也不得而知。

帕德博恩装甲战斗群

1945年3月，当盟军部队逼近帕德博恩时，驻扎当地的虎式坦克教导营（原第500装甲补充训练营）将具备作战能力的训练用虎式坦克编组为一个临时战斗群。3月24日，该战斗群加入"威斯特法伦"装甲教导队。帕德博恩装甲战斗群最初接到的命令是部署到雷克林豪森（Recklinghausen），归属H集团军群指挥。

帕德博恩装甲战斗群拥有18辆虎Ⅰ和9辆虎Ⅱ，相当于半个标准重装甲营的实力。根据1945年3月28日的一份兵力报告，当时在帕德博恩地区可以使用的车辆包括4辆Ⅲ号坦克、5辆"黑豹"、11辆虎Ⅰ坦克、6辆虎Ⅱ坦克和3辆牵引车。2辆虎Ⅰ由第424重装甲营（原陆军第501重装甲营）第3连的人员操纵，3辆虎Ⅱ（1辆为波尔舍炮塔型）的车组来自第508重装甲营。最终，帕德博恩装甲战斗群的战斗力量包括15辆虎Ⅰ和3辆虎Ⅱ，还有4辆"黑豹"和4辆Ⅲ号坦克，战斗群指挥官是乌克特（Uckert）上尉。

1945年3月30日：14辆虎式坦克被调往基希博申（Kirchborchen），虎式坦克教导营的160名士兵则作为步兵部署在韦威尔（Wewer）的防御阵地上，击退了美军第33装甲团第3营的初次进攻。

1945年3月31日：战斗群的虎式坦克被部署在帕德博恩南部机场附近的阵地上，虎式坦克教导营的维修连则离开帕德博恩另行执行任务，该连拥有6辆修复的"黑豹"坦克。

第 5 章　其他虎式坦克作战单位的行动日志

1945年4月1日：8辆虎式经马林洛厄（Marienloh）至施朗根（Schlangen），在那里建立了出发阵地，并对诺德博申（Nordborchen）展开攻击，1辆虎式单独部署在通往博申的公路西侧，击毁了2辆美军坦克，然后向北撤退，在途中遭美军飞机袭击，失去行动能力。另有3辆虎式被困在帕德博恩南部的石灰石矿场内。

1945年4月2日：15～16辆虎式沿着巴特利普施普灵格（Bad Lippspringe）至霍恩（Horn）之间的公路行军，其中半数的坦克后来转向德特莫尔德（Detmold）前进，另一半则向南前进，所有坦克陆续因为燃料耗尽而在公路上抛锚。乌克特上尉在战斗中被俘，由沙夫（Scharfe）上尉接替指挥，战斗群余部作为步兵增援帕德博恩前线。

1945年4月4日：一辆从帕德博恩撤出的虎式坦克随战斗群残部在费尔德罗姆（Veldrom）与友军部队建立联系。

1945年4月12日：帕德博恩战斗群的所有坦克不是战损就是丧失了作战能力。

"黑豹"装甲连

这支部队组建于1945年1月30日，是西里西亚第三军区利用训练部队建立的快速反应与后备补充单位之一，该连装备有多种型号的坦克，其中第1排编有3辆虎式坦克，但是关于该连的具体编成和作战行动的细节不为人知。

装甲教导师的虎式坦克

在装甲教导师组建时，曾计划为该师配备一个装备14辆虎式坦克的重装甲连，并且首先在装甲教导团第2营内建立了一个混成连，装备9辆Ⅳ号坦克和3辆虎Ⅰ坦克。

1944年1月15日：德军装甲兵总监部参谋长托马勒少将（Thomale）保证装甲教导师将得到一个装备虎Ⅱ坦克的重装甲连。

1944年1月29日：装甲教导师师部向上级询问配备虎Ⅱ装甲连的计划能否实施。

1944年2月1日：装甲教导师的3辆虎Ⅰ坦克均可作战。根据一份报告显示，装甲教导师在研究部队编制及装备结构时选择为其遥控爆破装甲连配置虎式坦克而非突击炮。

1944年2月3日：装甲兵总监部同意用凡尔赛装甲连中接受过虎式坦克训练的车组成员替换装甲教导团的部分人员。

1944年2月17日：装甲教导师接到命令，为师属遥控爆破装甲连换装虎Ⅱ坦克，而坦克歼击教导营第3连被指定装备"猎虎"，并受命前往帕德博恩接受相关培训。

1944年3月14日：第316（遥控爆破）装甲连接收了第一批共5辆波尔舍炮塔型虎Ⅱ坦克，关于该连的情况参见《虎之战迹》上卷 Vol.2 相关章节的介绍。

1944年4月1日：第316连的5辆虎Ⅱ具备作战能力。

1944年6月1日：装甲教导师共有6辆虎式坦克做好战斗准备（包括5辆虎Ⅱ），有2辆正在修理。

1944年7月1日：装甲教导师仍有3辆虎式，但均无作战能力。

1944年8月1日：装甲教导师编制内已经没有虎式坦克。

普特洛斯装甲教导营

1945年4月，普特洛斯装甲兵炮术学校的教官和普特洛斯装甲教导营的官兵共同组建了一个小型战斗群，指挥官是冯·本宁森少校。这支装甲部队编有一个重装甲连（10辆"黑豹"和2辆虎Ⅰ）、一个混成装甲连（7辆Ⅳ号坦克早期型、4辆Ⅳ号坦克长身管型、1辆Ⅳ号坦克歼击车和1辆突击炮）以及一个轻型摩托化步兵连（装备16辆装甲车）。1945年4月15日，冯·本宁森战斗群并入部署在吕讷堡的"克劳塞维茨"装甲师，其作战行动参见前述章节。

波森要塞中的虎式坦克

1945年1月20日，位于帝国东部的波森（Posen）被宣布为"要塞"，这意味着德国军队要坚守城市直至最后一人。有资料显示多种型号的装甲车辆参与了波森的防御战，包括2辆"黑豹"、1辆Ⅳ号坦克、1辆虎Ⅰ和1辆"追猎者"坦克歼击车。另外，第500突击炮营残部的17辆突击炮也加入城市守军行列，原计划调拨给"大德意志"师的8辆全新的突击炮也配属给波森的防御部队。

1945年1月22日：苏军先头部队接近城市外围。

1945年1月23日：1辆虎式和1辆"黑豹"部署在波森东部的阵地上，并接到勘察地形的任务。应当地守军的要求，由桑德斯（Sanders）军士长指挥的虎式坦克摧毁了一座水塔，因为德军发现苏军在水塔顶部设置了炮兵观察哨。"黑豹"坦克在战斗中履带受损，车组成员在虎式坦克掩护下紧急修理履带。当虎式准备后撤时，油

第5章 其他虎式坦克作战单位的行动日志

门连接器断裂，无法控制引擎，装填手穿出炮塔，凭一己之力打开沉重的发动机盖板，手动启动了油门控制杆，使得坦克顺利撤退。

1945年1月26日：虎式坦克关闭引擎，守卫在城市南部的一处十字路口处，但是一辆T-34突然出现在虎式后方很近的地方，由于引擎尚未发动，炮手只能手动旋转炮塔，关键时刻引擎发动，虎式得以摆脱成为死靶的命运，尽管T-34抢先开火，但并未击中，反而被虎式一击致命。

1945年1月29日：夜间，这辆虎式奉命掩护1辆部署在罗胡斯桥（Rochus Bridge）附近的"黑豹"，后者已经被1门反坦克炮击中了16次！当德军试图将瘫痪的"黑豹"拖回阵地时，苏军步兵使用缴获的"铁拳"攻击虎式，但只是击中了炮塔舱盖而已。这辆唯一的虎式在随后不久击毁了2辆冲向市政大楼的苏军坦克，还摧毁了2门反坦克炮。

1945年1月30日：在反步兵弹药的掩护下，虎式奇袭了一栋被苏军占领的大楼，击毁一门大口径反坦克炮。

1945年2月1日：这辆虎式在施洛斯布吕克（Schlossbrücke）击毁了4辆T-34。

1945年2月2日：克勒战斗群（Kampfgruppe Köhler）在虎式的支援下解救了被困在一处体育场内的德军士兵。

1945年2月15日：虎式坦克部署在祖魏纳（Süd Weinern）的防御阵地上。

1945年2月16日：在苏军对城区的炮击中，虎式的变速箱受损，在1辆突击炮的帮助下返回柏林运动场的边缘，并在那里击毁了2辆JS坦克。

1945年2月17日：失去行动能力的虎式又击毁了4辆坦克和1门反坦克炮。

1945年2月23日：波森最终失守，仅有少数幸存者投降，那辆虎式最后很可能被炸毁了。

在斯洛伐克境内的虎式坦克

1944年8月29日，在斯洛伐克爆发了反德起义，第1装甲集团军出动一支装甲部队前往镇压，包括28辆Ⅳ号坦克、16辆突击炮和2辆虎Ⅱ。2辆虎Ⅱ的具体型号不明，有些资料表明它们是安装波尔舍炮塔的初期型。镇压行动于10月31日结束，但2辆虎Ⅱ仍然留在斯洛伐克，有人曾在韦尔基霍茨山区（Velky Choc Mountains）的拉基（Lucky）看到过它们的身影，最后消失在一片沼泽地中。

虎式坦克 全景战史

※ 上图　1945年4月11日在阿舒姆被美军坦克击毁的F13号虎式坦克,属于费尔曼虎式战斗群,由贝洛夫上士指挥,车组成员无一幸存。从这幅照片中可以观察到这个独立战斗群的虎式坦克采用了与众不同的车辆编号,字母F源自战斗群指挥官费尔曼中尉姓名的首字母。

※ 下图　1945年4月13日在奥斯滕霍尔茨附近被英军"彗星"坦克击毁的F02号虎式坦克,也属于费尔曼战斗群,由于在后方修理耽误了时间,最后脱离主力单独作战。

第 5 章　其他虎式坦克作战单位的行动日志

※ 上图及下图　在F02号虎式坦克被击毁几天后，盟军将其残骸拖到公路上，并准备进行回收和调查。从上面这幅照片中我们可以发现F02号有些与众不同的特征，它的指挥塔是初期型虎式的圆柱形指挥塔，而负重轮却是后期型虎式采用的钢缘负重轮，因此可以断定这辆虎式坦克是利用后期型底盘加初期型炮塔组合而成的翻修坦克，实际上战争末期匆忙组建的虎式战斗群的装备大多数都是这样的二手货。

虎式坦克 全景战史

※ 上图 一名英军军官在观察 F02 号虎式坦克车体左侧的中弹部位,可以看到"彗星"坦克发射的穿甲弹击穿了裙板附近的车体,直接摧毁了发动机,可谓一击致命!

第 5 章　其他虎式坦克作战单位的行动日志

※ 上图　1945年5月初被遗弃在柏林勃兰登堡门附近的一辆虎式坦克，属于"慕赫堡"装甲营。这个临时组建的单位有5辆虎式坦克参加了柏林最后的巷战。

※ 下图　在这幅战后拍摄的照片中可以看到一辆虎式坦克的残骸，这是1945年4月"慕赫堡"装甲营在柏林街头损失的虎式坦克之一，此时它的所有车轮和履带都被拆除了。

虎式坦克 全景战史

※ 上图　1945年4月在柏林街头进行最后抵抗的虎式坦克，也属于"慕赫堡"装甲营。比较特别的是这辆坦克在车体侧面有一个白色勾边的卐字，此外这辆坦克的炮塔和车体都是初期型的，但指挥塔是中期型以后的形式。

※ 下图　被遗弃在勃兰登堡门前的"慕赫堡"装甲营第3连323号虎式坦克的近照。在坦克失去行动能力后，车组成员破坏了车内设备和武器，然后作为步兵加入最后的战斗。